秒懂财报

零基础也能迅速看懂财务报表

鲍新中◎著

北京联合出版公司
Beijing United Publishing Co.,Ltd.

图书在版编目（CIP）数据

秒懂财报 ： 零基础也能迅速看懂财务报表 / 鲍新中著. -- 北京 ： 北京联合出版公司， 2018.4

ISBN 978-7-5596-1605-0

Ⅰ. ①秒… Ⅱ. ①鲍… Ⅲ. ①会计报表－基本知识 Ⅳ. ①F231.5

中国版本图书馆CIP数据核字（2018）第009067号

秒懂财报：零基础也能迅速看懂财务报表
作　　者：鲍新中
选题策划：北京时代光华图书有限公司
责任编辑：昝亚会　夏应鹏
特约编辑：何英娇
封面设计：新艺书文化
版式设计：程海林

北京联合出版公司出版
（北京市西城区德外大街83号楼9层　100088）
北京晨旭印刷厂印刷　新华书店经销
字数113千字　787毫米×1092毫米　1/16　11.75印张
2018年4月第1版　2018年4月第1次印刷
ISBN 978-7-5596-1605-0
定价：49.00元

目录

CONTENTS

第一章　揭开财务报表的面纱

财务报表（这里的财务报表是指财务报告中的财务报表）主要是给投资者和债权人看的一种对外报告，所以必须保证财务报表的可理解性，要让别人看得懂。既然要让别人看得懂，那么就不能以企业的规则为标准，而应按照公认的会计准则来完成财务报表的编制。

第二章　摸清家底——资产负债表

资产负债表是反映企业在某一特定日期财务状况的会计报表，它的内容主要包括企业所拥有的资产情况、企业所承担的债务情况及企业所有者享有的权益的情况。

第三章　装饰面子——利润表

> 如果说资产负债表是企业的底子，那么利润表就是企业的面子。大家都要通过利润表来查看企业赚不赚钱，赚多少钱。有利润就是能赚钱，大家就会觉得这家企业还不错；要是没利润，就是不赚钱，大家对这家企业的印象就不好。

第四章　过好日子——现金流量表

现金流量表反映的是企业在一定时期内现金流入和流出的情况，这个“时期”可以是一个月、一个季度、半年，也可以是一年，前三种“时期”出现在中期报表里，最后一种则出现在年度报表中。

第五章　守好家产——股东权益变动表

一家企业要经营下去，就要拥有资产，那么资产从哪里来呢？要么从银行贷款，要么借助股东投资。企业募集资金和使用资金是要付出代价的，这个代价就是企业的资本成本，也叫资金成本。

股东把钱投到企业里来，当然有要求的报酬率，这要求的报酬率就是企业应该支付的资本成本。

第六章 “鸟瞰”财务报表

通过分析企业的各种财务指标，了解企业的财务状况、经营成果和现金流量情况，我们能够发现企业经营中存在的一些问题，从而及时采取有效的措施来解决问题，使得企业朝着更健康的方向发展。

第一章

揭开财务报表的面纱

财务报表（这里的财务报表是指财务报告中的财务报表）主要是给投资者和债权人看的一种对外报告，所以必须保证财务报表的可理解性，要让别人看得懂。既然要让别人看得懂，那么就不能以企业的规则为标准，而应按照公认的会计准则来完成财务报表的编制。

一、财务报表是什么

财务与会计的区别

- 财务讲的是融资、投资、利润分配的管理问题
- 会计最重要的职能就是反映企业过去的财务状况

1. 财务和会计是一回事吗

人们常常将财务和会计这两个概念混淆在一起，认为这两者之间没有什么区别，其实这是两个不同的概念。在讨论财务报表之前，让我们先来区分一下这两个概念。

财务是什么？财务涉及的主要是融资、投资及利润分配的管理问题。

融资管理就是指企业的资金筹集问题。通常来说，企业资金的筹集方式有两种：一是举债，二是所有者投入。这些内容后面会讲

到，这里就不进行详细论述了。

融资管理有一个目标，就是保证企业的资产负债率稳定在一个合适的水平上。资产负债率是人们常用的一个比率，用来衡量企业资本结构的好坏。资产负债率高对企业有什么影响呢？企业的资产负债率太高，债权人的风险就高，自然会担心企业到期不能偿还债务，像银行这样的金融机构也就不敢再给这样的企业贷款，即高的资产负债率可能会降低企业的融资能力。那么，资产负债率是不是越低越好呢？也不是，太低的话，债权人虽然高兴了，但是股东的利益得不到保障。我们来看个例子。

如果有一家企业，资产是100万元（人民币，下同），其中股东自己投资40万元，向银行借款60万元。一期运营后，净利润是10万元，那么股东的回报率就是用挣的10万元除以自己投资的40万元，为25%。如果降低资产负债率，股东投资80万元，向银行借款20万元，净利润还是10万元，此时股东的回报率降到了12.5%，股东当然不乐意了。

所以，资产负债率要适中，要找到一个合适的资本结构，既能让企业借到钱、正常经营，又能让股东多赚钱。融资管理讲的就是这些内容。

那么，投资管理讲的是什么呢？它讲的是企业怎么投资，应该投资什么项目，不应该投资什么项目。关于这一点，有不同的判断指标，比如投资回收期、内部收益率等。最好的判断指标是NPV（Net Present Value），翻译成中文是“净现值”。净现值大于零的项目就是好项目，因为净现值大于零意味着这个项目的收益率大于股东要求的报酬率。

利润分配管理主要是讲什么时候分配利润、分配多少、怎么分配之类的问题。

综上所述，财务讲的是融资、投资和利润分配的管理问题。管理意味着要进行决策，而决策是面向未来的，所以财务工作是面向未来、展望未来的，作财务决策是为未来的经营活动服务的。

那么，会计是干吗的？会计做的工作就是把每个月发生的业务记录下来，然后把这些业务涉及的财务数据编制成财务报表，反映企业过去的财务状况、经营成果和现金流量情况。对于中小企业来讲，主要有四张财务报表：资产负债表、利润表、现金流量表和股东权益变动表。（或称所有者权益变动表，下文为方便理解，统称为股东权益变动表）

大家可以通过图1-1清楚地看到会计与财务之间的区别。

图 1-1　会计与财务的区别

2. 财务报表是给外人看的

财务报告是反映企业一定时点的财务状况和一定期间的经营成果与现金流量的书面文件，其中财务报表是财务报告的核心内容。如图 1-2 所示。财务报表的内容包括资产负债表、利润表、现金流量表、股东权益变动表，以及对会计报表和其他财务情况的进一步说明等附注文件。

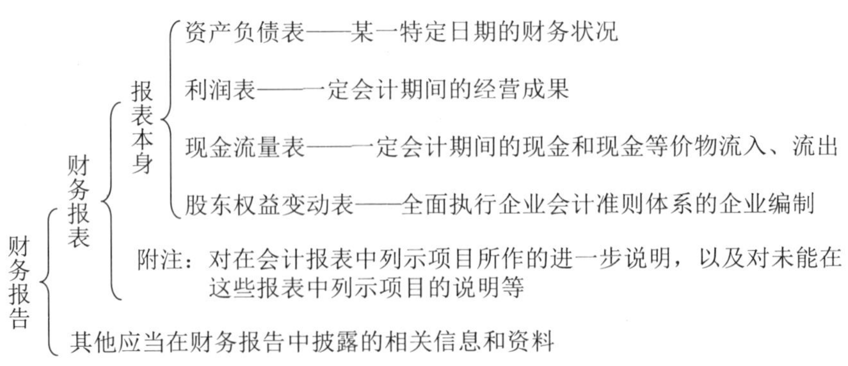

图 1-2　财务报告的构成

注：小企业编制的报表可以不包括现金流量表。

财务报表（这里的财务报表是指财务报告中的财务报表），主要是给投资者和债权人看的一种对外报告，所以必须保证财务报表的可理解性，要让别人看得懂。既然要让别人看得懂，那么就不能以企业的规则为标准，而应按照公认的会计准则来完成财务报表的编制。比如，发生的××业务怎么记账，记多少金额，什么时候记账，这些都有统一的要求。当然，最后做出来的报表还得有可比性，A企业做出来的报表和B企业做出来的报表必须要有可比性，每个科目的数据是怎么算出来的，标准要一致。从这个角度来说，财务报表对内部管理的用处不是太大。

知识链接

管理会计是内部报告会计，其工作还是以前的那些经济业务。但是在记账的时候是从管理的角度出发，按照企业管理的需要来记账，然后得到一些报表，为企业内部管理工作提供依据。比如，在管理会计中需要记录变动成本是多少，固定成本是多少，以便控制费用、降低成本、制定预算及进行业绩考核。而财务会计是不需要区分变动成本和固定成本的。

当然本书不是要教你怎么把报表做出来，而是教你如何看懂这四张报表——资产负债表、利润表、现金流量表、股东权益变动表，并能进行分析。这项工作有两个层次：第一个层次是看懂，第二个层次是看懂并能分析。

二、财务报表为谁服务

分析财务报表的四个角度

- 企业的股东
- 债权人
- 企业内部经营决策者
- 供应商、客户、政府部门

财务报表为谁服务？这个问题没有标准答案。这要看报表使用者是谁。站的角度不同，分析的角度不同，所关心的事情也不一样，自然会得出不同的结论。那么，应当站在谁的角度来分析呢？一般来说有以下四种。

1. 企业的股东

股东要不要对企业的财务报表进行分析？答案是肯定的，因为有些股东在投资以后不一定参与经营，但他们又不能对企业不闻不问，所以就需要通过分析企业财务报表，了解企业的具体经营状况，看看这家企业是否值得继续投资。

如果我们想投资或是并购某家企业，或者购买某家企业的股票。那么，我们都通过什么途径来了解企业的经营状况呢？很显然，首先得看该企业的财务报表。我们通过财务报表来进行财务分析，看看这家企业的赢利性怎么样，成长性怎么样，营运能力怎么样。在了解这些的基础上，再决定是否进行投资。

2. 债权人

债权人肯定也要看财务报表，也要作财务分析。比如银行，面对大量来贷款客户，能不能给贷，给贷多少，一定会考虑这些问题。当然，银行更关心的是信用问题，也就是客户的偿还能力。我们在财务里面讲的信用就是欠钱、能不能还的问题，就是研究借款方将来有没有偿债能力的问题。每个银行都有一套信用评价体系，其中很大一部分是关于财务的数据，当然也有一些非财务的数据。在实践中，银行往往是采用几种不同的方法对企业进行考察，以决定是否给企业提供贷款。

从财务报表分析的角度来说，对于中小企业，银行往往重点考察企业的资产负债表，通过对资产负债表的考察，来判断企业的偿还能力怎么样，资产负债情况怎么样，赢利能力怎么样。比如浙江省企业信用基准性评价指标体系和评价方法就设置了一些指标，来评估客户的信用情况，这些指标主要包括偿债能力、营运能力、赢利能力、发展能力、创新能力。通过评估，相关机构最后给出对企业的信用等级：这家企业信用等级是AAA，还是AA，或是A。因此，财务指标对于企业的信用等级评估是非常重要的。

3. 企业内部经营决策者

财务报表出来了，企业内部经营决策者应当查看企业过去的财务状况怎么样：哪里做得不错，哪里有问题，哪里的费用太多了，哪里的费用跟预算的差距很大等。这些信息可以为企业下一步的决策提供依据。当然从财务角度来说，更多时候应当查看重要的财务指标。财务指标可以反映投资者的回报率高不高、资产周转得快不快、变现能力强不强，还可以反映企业的赢利能力、偿债能力、营运能力、成长能力的好坏。

4. 供应商、客户、政府部门

对供应商来讲，货物发出去能不能收回账款，会不会有坏账，那就得看购货方账上有没有钱。

作为客户，企业关心的又是什么呢？自然是供应商的产品的质量、价格等。现在是供应链管理的时代，企业选两家供应商建立稳定长期的合作关系就可以了，不需要那么多家供应商来竞价。因为供应商太多了，管理起来成本会很高。因此对于企业来说，供应商的选择很重要，选好了，既能降低成本，又能保证供应，一举两得。这就需要企业来分析供应商的财务报表，看看能不能选它。当然，选择供应商还要考虑其规模、距离远近、供货的质量等。

政府部门也很关心企业的财务报表，因为它要从企业收税，要审查企业有没有按时足额缴税，要对企业进行监管。

虽然不同的人站在不同的角度对某家企业会有不同的评价，但是这些评价大都是通过财务报表来进行的。所以，不管我们是老板、债权人、管理者，还是其他相关人士，都需要读懂财务报表。

三、财务报表的四大“成员”

财务报表的四大“成员”

- 资产负债表
- 利润表

• 现金流量表

• 股东权益变动表

本书的前几章我们主要讲财务报表的四大“成员”——资产负债表、利润表、现金流量表、股东权益变动表，后面的章节会对资产负债表和利润表的个别项目作质量分析。这里只是总体介绍一下这四张报表的构成以及它们之间的关系。在本书的最后一章，我会向大家介绍如何对财务报表进行综合分析。

从信息含量及使用的频率考虑，我们主要分析前两张报表——资产负债表和利润表。有人曾形象地描述：资产负债表反映的是企业的家底是否雄厚的问题，是底子问题；利润表反映的是企业是否有利润的问题，是面子问题。

有面子日子一定过得好吗？不一定，利润是可以做出来的。怎样才算过好日子？有钱，有现金流。现金流量表能反映企业的日子到底过得怎么样。我们举个例子来说明。

给一个姑娘介绍对象，这个小伙子怎么样呢？他是博士研究生毕业，身高1.80米。这是他的底子。底子不错，那见一见吧。一见面，小伙子长得挺帅，而且开一辆宝马，还有一套房子。不错，面子也有了。可是后来发现那辆宝马是借来的，房子是贷款买的，而且房贷刚刚开始还。这日子就比较难过了吧？所以说光有底子、面子还不够，要过好日子还得要有现金流。

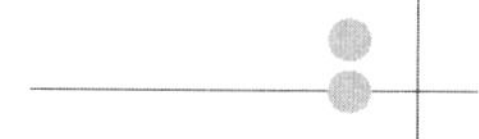

股东权益变动表分析起来比较简单，我们只要关注其中个别项目就行了。

这四张报表反映的都是企业的历史财务状况，我们分析它们就是为了查看企业财务过去做得怎么样，未来需要做什么。下面我们一起来看一下这些报表都“长”什么样子。

1. 资产负债表——底子

资产负债表是反映企业某一特定日期的月度或年度财务状况的报表。我们来看一张资产负债表。具体见表 1-1：

表 1-1　资产负债表

编制单位：××股份有限公司　　××年12月31日　　单位：元/人民币

资产	期末余额	年初余额	负债和股东权益	期末余额	年初余额
流动资产：			流动负债：		
货币资金	1,406,300		短期借款	300,000	

续表 1

资产	期末余额	年初余额	负债和股东权益	期末余额	年初余额
交易性金融资产	15,000		交易性金融负债	0	
应收票据	246,000		应付票据	200,000	
应收账款	299,100		应付账款	953,800	
预付款项	100,000		预收款项	0	
应收利息	0		应付职工薪酬	110,000	
应收股利	0		应交税费	36,600	
其他应收款	5,000		应付利息	1,000	
存货	2,580,000		应付股利	0	
1年内到期的非流动资产	0		其他应付款	50,000	
其他流动资产	100,000		年内到期的非流动负债	1,000,000	
流动资产合计	4，751,400		其他流动负债	0	
非流动资产：			流动负债合计	2,651，400	
可供出售金融资产	0		非流动负债：		
持有至到期投资	0		长期借款	600,000	
长期应收款	0		应付债券	0	

续表 2

资产	期末余额	年初余额	负债和股东权益	期末余额	年初余额
长期股权投资	250,000		非流动负债合计	600,000	
固定资产	1,100,000		负债合计	3,251,400	
在建工程	1,500,000		股东权益：		
无形资产	600,000		实收资本（或股本）	5,000,000	
开发支出	0		资本公积	0	
长期待摊费用	0		盈余公积	100,000	
递延所得税资产	0		未分配利润	50,000	
其他非流动资产	200,000		股东权益合计	5,150,000	
非流动资产合计	3,650,000				
资产总计	8,401,400		负债和股东权益总计	8,401,400	

资料来源：2008年度注册会计师全国统一考试辅导教材：《会计》。一般的报表数据会精确到分，即小数点后保留两位，此处数据只为定性说明数据的大小。

我们首先来看该报表的格式。资产负债表一定要写报表的编制单位和使用的是哪种货币，然后还有日期：××年12月31日。这个日期告诉我们资产负债表反映的是这个时点——××年12月31日企业的财务状况。到第二年的1月1日，该报表会发生变化，所以它反映的是某一特定日期的财务状况。

资产负债表的编制原理是“资产 = 负债 + 所有者权益”，这是会计第一恒等式。会计中有六个会计要素，它们是根据交易或事项的经济特征所确定的财务会计对象的基本分类。会计第一恒等式包含了三个会计要素，即资产、负债和所有者权益。在介绍利润表的时候，我们会学习另外三个会计要素。

在资产负债表中，左边是资产，右边是负债和所有者权益。资产 = 负债 + 所有者权益，所以，我们应当查看左边的最后一行“资产总计”是不是等于右边的最后一行“负债和股东权益总计”。左边的资产是 8,401,400 元，右边的负债是 3,251,400 元，所有者权益是 5,150,000 元，加起来是 8,401,400 元，两者相等。任何一张资产负债表，一定是左边等于右边。要是不相等，那就是算错了。也许有人会说，我们看到的资产负债表有的是左右分布的，左边是资产，右边是负债和所有者权益；有的是上下分布的，由上到下依次是资产、负债、所有者权益。其实怎么分布没有关系，重要的是资产要等于负债加所有者权益。

资产负债表的结构可以简化成表 1-2，具体如下。

表 1-2 资产负债表（简化版）

编制单位：××股份有限公司　　××年12月31日　　单位：元/人民币

资产负债表的格式（账户式）	
流动资产	流动负债
	非流动负债
	负债总计
非流动资产	投入资本
	留存收益
	所有者权益总计
资产总计	负债和所有者权益总计

从上表我们可以看出，一家企业的资产按照是否能在 1 年以内变现可以分为流动资产和非流动资产，负债按照是否要在 1 年内偿还分为流动负债和非流动负债。所有者权益中的“投入资本”包含实收资本（或股本）和资本公积，“留存收益”是指盈余公积和未分配利润。

大家先在脑海里建立一个大概的框架，知道这张表格“长”什么样就行了。至于这张表格里有哪些需要我们特别关注的项目，我们会在第二章中进行详细介绍。

2. 利润表——面子

前面我们举了一个例子，说小伙子长得不错，有房有车，既有底子，又有面子，姑娘对他的印象不错，就想接着了解。企业也是这样，如果有人想投资某家企业，首先要看看该企业的资产负债表，一看规模还不错，很大，家底雄厚。其次再看看利润表，利润表能告诉人们这个月产品卖了多少钱，卖出去的产品成本是多少，费用是多少，大概要缴多少税，最后能剩下多少利润。看完这些，投资者才会决定是否要投资该企业。那么利润表"长"什么样呢？表 1–3 就是一个利润表。

表 1–3　利润表

编制单位：××企业　　　　××年×月　　　　单位：元/人民币

项目	本期金额	上期金额（略）
一、营业收入		
减：营业成本		
营业税金及附加		
销售费用		
管理费用		
财务费用		
资产减值损失		

续表

项目	本期金额	上期金额（略）
加：公允价值变动收益（损失以“-”号填列）		
投资收益（损失以“-”号填列）		
其中：对联营企业和合营企业的投资收益		
二、营业利润（亏损以“-”号填列）		
加：营业外收入		
减：营业外支出		
其中：非流动资产处置损失		
三、利润总额（亏损总额以“-”号填列）		
减：所得税费用		
四、净利润（净亏损以“-”号填列）		

利润表的编制原理是“收入－费用＝利润”，这是会计第二恒等式。和第一恒等式一样，它也包含了三个会计要素：收入、费用、利润。

上述报表里有四项收入来源：营业收入、公允价值变动收益、投资收益和营业外收入。由于其他收入的金额相对较小，因此我们重点关注的是营业收入。其他的项目基本上都是费用，其中又以营业成本和三大期间费用（销售费用、管理费用、财务费用）所占比例大一些。简单来看，从上到下，大体是：营业收入－营业成本－营业税金及附加－期间费用＝核心利润；核心利润＋投资收益＋营

业外收支 = 利润总额；利润总额 – 所得税费用 = 净利润。其他的项目为什么不计算在内呢？因为金额一般都比较小。我们定性地来看的话，抓住主线就行了。

在利润表里有一个核心利润需要我们格外注意。那么，什么是核心利润呢？

核心利润 = 营业收入 – 营业成本 – 营业税金及附加 – 期间费用

为什么要关注核心利润？因为企业要想长期健康地发展，就必须经营好自己的主营业务，并且从这些业务中获取利润。核心利润就是企业的主要业务所产生的收益，企业主要靠它来生存。核心利润非常重要，因此我们在第三章利润表中会重点对其进行分析。

3. 现金流量表——日子

现金流量表是一张反映企业日子好不好过的报表。我们都知道血液对一个人意味着什么，现金就是一家企业的血液。没有现金会怎么样？结果是工人不干活了。没钱发工资谁给你干活！生产一停止，企业就像陷入沼泽之中，动弹不得，只能干着急。债务人得追着你讨债：钱借给你了，你连利息都还不了，能不跟你急吗！所以，一家企业的现金是相当重要的。

通常，企业的现金流可以分为三种：与经营活动有关的现金流，与投资活动有关的现金流，与筹资活动有关的现金流。企业一般就这几种活动，现金流也就按照这几种活动来划分。我们现在来看一张现金流量表，见表 1–4。

表 1–4　现金流量表

编制单位：××企业　　××年1-12 月　　单位：元/人民币

	本期金额	上期金额
一、经营活动产生的现金流量		
销售商品、提供劳务收到的现金		
收到的税费返还		
收到的其他与经营活动有关的现金		
经营活动现金流入小计		
购买商品、接受劳务支出的现金		
支付给职工及为职工支付的现金		
支付的各项税费		
支付的其他与经营活动有关的现金		
经营活动现金流出小计		
经营活动产生的现金流量净额		
二、投资活动产生的现金流量		
收回投资所收到的现金		
取得投资收益所收到的现金		

续表 1

	本期金额	上期金额
处置固定资产、无形资产和其他长期资产收回的现金净额		
处置子公司及其他营业单位收到的现金净额		
收到其他与投资活动有关的现金		
投资活动现金流入小计		
购建固定资产、无形资产和其他长期资产所支付的现金		
投资所支付的现金		
取得子公司及其他营业单位支付的现金净额		
支付其他与投资活动有关的现金		
投资活动现金流出小计		
投资活动产生的现金流量净额		
三、筹资活动产生的现金流量		
吸收投资收到的现金		
其中：子公司吸收少数股东投资收到的现金		–

续表 2

	本期金额	上期金额
取得借款收到的现金		–
发行债券收到的现金	–	–
收到其他与筹资活动有关的现金		
筹资活动现金流入小计		
偿还债务支付的现金		
分配股利、利润或偿付利息所支付的现金		
其中：子公司支付给少数股东的股利、利润	–	
支付其他与筹资活动有关的现金		
筹资活动现金流出小计		
筹资活动产生的现金流量净额		
四、汇率变动对现金及现金等价物的影响		
五、现金及现金等价物净增加额		
加：期初现金及现金等价物余额		
六、年末现金及现金等价物余额		

大家一看，又有这么多项目，煞费脑筋。其实一归类就能发

现，现金的流入与流出活动也就那么三种。上面的表格可以简化成表 1–5。

表 1–5　现金流量表（简化版）

编制单位：××企业　　××年1-12 月　　单位：元/人民币

一、经营活动产生的现金流量	
现金收入	
减：现金支出	
经营活动产生的现金流量净额	
二、投资活动产生的现金流量	
现金收入	
减：现金支出	
投资活动产生的现金流量净额	
三、筹资活动产生的现金流量	
现金收入	
减：现金支出	
筹资活动产生的现金流量净额	
四、现金及现金等价物净增加额	

再看上面的表，多简单！企业发生的现金流入流出，按活动的性质分类归到这三块儿就行了，就这么简单。由经营活动的现金流入减去经营活动的现金流出，得到经营活动现金净流量；同样道理得到投资活动和筹资活动的现金净流量，三个净流量相加

得出来的数据，就能判断企业从年初到年末现金流量是增加了还是减少了，实际上也就是期末（或者年末）账面的货币资金（主要是银行存款）比年初时是增加了还是减少了。

股东权益变动表反映的就是股东的钱在会计科目里面划分的问题，非常简单，这里不具体说了，到后面再讲。

4. 三张报表之间的关系

到这里，我们浏览了一下企业的三张报表，知道了它们大概“长”什么样子，主要由哪几块构成。那么这三张报表之间有什么关系呢？简单来讲，资产负债表是主体，利润表和现金流量表是资产负债表的两张草稿纸。这是什么意思呢？我们来详细讲解。

在利润表的项目中，各位投资者最关心的莫过于净利润了。这个净利润最后去了哪里呢？实际上是“跑”到资产负债表中去了。那么，是资产负债表中的哪个项目呢？大家很快就能想到是所有者权益了。今年赚钱了，净利润为正，股东肯定高兴，因为所有者权益增加了！但是一个不留神，今年亏钱了，负数结转到所有者权益里，所有者权益变少了，股东就睡不着觉了，天天都想着怎么扭亏。股东如何判断今年是赚了还是赔了呢？他们通过利润表就可以弄清楚这些状况。利润表发生了变化，所有者权益也会相应变化，这是利润表与资产负债表的关系。

现金流量表中的现金流量净增加额又反映在资产负债表的哪个项目里了呢？当然是货币资金（主要就是企业的银行存款）里了。一般来讲，在不存在现金等价物的情况下，现金及现金等价物的净增加额，也就是现金流量表（简化版）里的最后一行，反映的就是货币资金年末余额与年初余额的差额，这一点刚才在现金流量表的介绍中已经提到了。

最后还有一张股东权益变动表，说的是股东权益内部结构是怎样的，这些结构是怎么变化的。其实不管怎么变，都是股东的钱。因此，对我们来说，这张报表并不需要重点关注。

好了，这一章我们讲了财务与会计的区别，知道了阅读财务报表有什么用，也提纲挈领地看了每张财务报表里都有什么东西，估计大家都还意犹未尽。欲知报表的详细故事，请接着阅读后面的章节！

第二章

摸清家底——资产负债表

资产负债表是反映企业在某一特定日期财务状况的会计报表，它的内容主要包括企业所拥有的资产情况、企业所承担的债务情况及企业所有者享有的权益的情况。

一、“家底”该怎么摸

资产负债表是反映企业在某一特定日期财务状况的会计报表，它的内容主要包括企业所拥有的资产情况、企业所承担的债务情况及企业所有者享有的权益的情况。资产负债表从总体上反映了企业的财务状况，我们可以从资产负债表中看出企业现阶段的经济实力。资产负债表的基本格式，我们在前文的表 1-1 中已经看到了。

资产负债表分为月度、季度和年度表，但反映的都是某一个特定日期的财务状况。年度资产负债表上面一定写着这样的日期：× × 年 12 月 31 日。它反映的是这个时点的财务状况。一天之后，到第二年的 1 月 1 日，资产负债表中的数据就会发生变动。所以，我们一般在每个月月末来编制企业的资产负债表。

资产负债表是通过负债加所有者权益来反映的，其编制依据是“资产 = 负债 + 所有者权益”。也就是说，资金运用 = 资金来源；资产负债表左边 = 资产负债表右边。如何理解这个等式的经济意义呢？会计恒等式源自“复式记账法”，其基本原则是“一项交易，双重记录”。我们举个例子来说明这一原则。

小王要结婚了，着急买房，就向几个朋友借了钱。如果他只记得一共借了多少钱，时间长了，可能记不清楚分别向谁借了多少钱，甚至还可能把自己的钱和借来的钱混在一起。于是，小王在借钱后就在本子上记录下来，左边写上“借钱：30万元”，右边写上“小刘：10万元，小李：15万元，小周：5万元”，这样的话，账目就都清清楚楚了。这样的记录明确了财产权利的归属，可以防止发生错误。

对于企业来说，1年的交易事项很多，如果按照这种方法记录，那么资金的来源明确了，资金的用途也明确了。

从“资产=负债+所有者权益”这个恒等式可知，资产的来源有两个——债权人和股东。在负债不变时，资产与所有者权益同方向变化；所有者权益不变时，资产就与负债同方向变化；当所有者权益和负债都发生变化时，资产的变化等于两者变化之和。下面举例说明资产负债表是如何编制的。

甲、乙、丙三人共同成立了一家企业，每人投资100万元，实收资本（股本）为300万元，货币资金为300万元，此时负债为零，资产等于所有者权益，资产负债表左右两边是相等的，也就是说，资产负债表是平的。接下来，这300万元的货币资金被用于投资，企业首先花了200万元购买固定资产，这时货币资金变成100万元，固定资产为200万元，资产负债表还是平的。企业开始经营，于是从100万元中拿出50万元购买存货，这时货币资金变成50万元，存货变成50万元，这时候资产负债表还是平的。然后40万元的存货以60万元的价格卖出，存货剩下10万元，企业收到60万元的货币资金，现在资产负债表左边减少40万元，左边又增加60万元，所以左边变成320万元，而右边一共300万元，此时有利润20万元（暂不考虑税等其他因素），我们把它叫作留存收益。

接下来，企业为了扩大经营，向银行贷款250万元，其中短期借款为150万元，长期借款为100万元。此时资产负债表左边增加了250万元，右边增加了250万元，仍然是平的。这250万元当中，100万元用于购买土地使用权，这属于无形资产，另外用50万元购买存货。这50万元存货又以70万元的价格卖了出去，但款项还没收到，此时资产负债表左边存货少了50万元，同时应收账款增加了70万元，右边的利润又增加了20万元。然后自然人丁向企业投资200万元，此时实收资本不变，资本公积增加200万元。企业用这200万元收购一个供应商，这使长期股权投资增加200万元。期末，企业提取法定盈余公积和任意盈余公积共计6万元。到现在为止，该企业资产负债表如表 2-1 所示。

表 2-1　× × 企业资产负债表

编制单位：××企业　　××年12月31日　　单位：元/人民币

资产	期末数	负债及所有者权益	期末数
流动资产：		流动负债：	
货币资金	2,100,000	短期借款	1,500,000
应收票据		应付票据	
应收账款	700,000	应付账款	
预付账款		应付职工薪酬	
应收利息		应交税费	
其他应收款		流动负债合计	1,500,000
存货	100,000	非流动负债：	
流动资产合计	2,900,000	长期借款	1,000,000
		其他非流动负债	
		非流动负债合计	1,000,000
		负债合计	2,500,000
非流动资产：			
固定资产	2,000,000	所有者权益：	
长期股权投资	2,000,000	实收资本	3,000,000
无形资产	1,000,000	资本公积	2,000,000

续表

资产	期末数	负债及所有者权益	期末数
其他非流动资产		盈余公积	60,000
非流动资产总计	5,000,000	未分配利润	340,000
		所有者权益合计	5,400,000
资产总计	7,900,000	负债及所有者权益总计	7,900,000

上面这个资产负债表反映的就是上述企业××年末的“家底”。我们大致来看一下：该企业资产为790万元，负债为250万元，所有者权益为540万元，严格符合会计里面最基本的恒等式——“资产=负债+所有者权益”。

你可以把上面资产负债表中每个项目的数字归零，然后按照自己企业各项业务的发生顺序，感受一下资产负债表的编制过程，你一定也能编制出自己企业的资产负债表来。编制过程中要记住一点：每个业务发生时至少要在资产负债表的两个项目中进行记录，这是会计中最根本的方法——复式记账法，也叫复式借贷记账法。

二、资产负债表的三大件

资产负债表的三大件

- 资产
- 负债
- 所有者权益

在我国，资产负债表采用账户式结构，报表分为左右两边，左边列示资产各项目，反映全部资产的分布及存在形态；右边列示负债和所有者权益各项目，反映全部负债和所有者权益的内容及构成情况。资产负债表左右两边平衡，资产总计等于负债和所有者权益总计，即“资产 = 负债 + 所有者权益”。此外，为了使报表使用者通过比较不同时点资产负债表的数据，掌握企业财务状况的变动情况及发展趋势，企业需要提供比较资产负债表，资产负债表就各项目的“年初余额”和“期末余额”两栏分别填列。下面我们来看看资产负债表里的三个重要项目。

1. 资产

在会计里，资产被定义为企业过去的交易或者事项形成的，由企业拥有或者控制的，预期会给企业带来经济利益的资源。

如何理解资产？我们可以看看下面的例子。

李先生租了一间厂房和几台织布机，开了一家小型织布厂。现在李先生使用的厂房和机器是不是他的资产？不是。因为此时李先生对厂房和机器只有使用权，没有所有权。也就是说，资产具有排他性，即某项资产的所有权和使用权只归属于某企业。

再举个例子，一家水泥厂，占有一座矿山，但却没有办法给它估价，那么这座矿山算不算是水泥厂的资产呢？也不算。因为资产必须能够被企业以货币加以计量。还有就是资产会给企业带来经济利益。报废的厂房、机器、设备，已经不能再给企业带来任何预期的经济效益，这时也不算是资产了。资产不仅包括财产，还包括债权和其他权利。只有具备了以上特征，才能被列为资产。

看一家企业的资产负债表，要先看看这家企业的资产有多少、债务有多少、所有者权益有多少，接下来要看看资产的结构。资产结构就是指资产当中流动资产有多少，非流动资产有多少。

（1）流动资产

流动资产是企业可以在 1 年或者是超过 1 年的一个营业周期内变现或者运用的资产。一个营业周期是什么概念？我们可以这样理解，企业用钱去购买原材料进行生产，形成产成品，将产成品卖出去，形成应收款，然后再收到应收款，当应收款项收回来时，一个营业周期就完成了。在这个循环里面出现的资产都是流动资产。

流动资产主要有三个：货币资金、应收账款（包括应收票据）、存货。

⊙货币资金，是指在企业生产经营过程中处于货币形态的那部分资金，按其形态和用途不同可分为库存现金、银行存款和其他货币资金，具有专门用途的货币资金不包括在内。其他货币资金包括外埠存款、银行汇票存款、银行本票存款、信用证保证金存款、信用卡存款等。货币资金是以上这些项目的合计数。

货币资金是企业中最活跃的资金，它的流动性强，变现速度快，是企业重要的支付手段和流通手段，也是流动资产的审查重点。如果货币资金占总资产的比例较大，通常表明企业流动资金比较充裕，偿债能力较强，否则反之。但是，如果企业的货币资金占总资产的比例过大，也可能意味着企业的资金闲置，赢利能力较弱。

⊙应收账款，是企业因销售商品、产品和提供劳务等而应向购买单位收取的各种款项。应收账款是伴随企业销售行为的发生而形成的一项债权。根据谨慎性原则，对于预计收不回来及没有把握能够收回来的应收账款，计提坏账准备。

与应收账款相关的一个重要的财务指标是应收账款周转率，它反映企业一定时期内应收账款转为现金的平均次数。用时间表示的应收账款周转速度为应收账款周转天数，也称平均应收账款回收期或平均收现期，它表示企业从获得应收账款的权利到收回款项、变成现金所需要的时间。应收账款周转次数越多，表明应收账款周转快，企业信用销售政策严格，反之，表明企业信用销售政策宽松。

应收账款由企业的经营方式、所处的行业和信用政策决定。应收票据也是因销售商品而向购货单位收取的款项，与应收账款不同的是，它是企业在销售商品时收到了购货方提供的商业汇票，因而在收款期上有保障，出现坏账的可能性较小。

⊙存货，是指企业在生产经营过程中为销售或耗用而储存的各种有形资产，包括各种原材料、包装物、低值易耗品、委托加工材料、产成品、库存商品等。

对于商业企业来说，存货就是企业的库存商品；对于制造企业来说，存货主要包括原材料库存、在产品库存和产成品库存。而对于其他服务类企业来说，存货数量则相对较少。

企业对存货进行检查时，要预计各项存货可能发生的损失。对于遭受损毁、陈旧过时或销售价格低于成本等原因使存货成本不可收回的部分，应计提存货跌价准备，并在资产负债表中以存货的递减项目进行列示。

存货的流动性能够反映企业的物流管理水平。存货流动性一般可以用存货的周转速度来反映，即存货周转率或存货周转天数。存货周转率可以用销售成本除以平均存货余额得到的比率来表示，或叫存货周转次数。用时间表示的存货周转率就是存货周转天数。存货占多少资金，实际上可以跟应付款结合起来分析。应收账款周转天数加上存货周转天数减去应付账款周转天数，得到的是负数的话，企业不但不用掏钱，还免费用了供应商的钱；得到的是正数的话，企业得掏钱补上这个缺口。但是一般来说，这个结果应该是正数。举个例子来说明。

企业购买存货，存货周转期是10天，应付账款周转期是15天，10天之后存货应被卖出去。此时有一个应收账款周转期，如果应收账款的周转期是3天，那就非常好了。但是如果应收账款周转期是10天的话，企业就得掏钱补缺口了。

（2）非流动资产

非流动资产是指使用年限在 1 年以上，其价值在规定的标准以上，在使用过程中保持原有的基本形态的资产。非流动资产主要有三个：固定资产、长期股权投资、无形资产。

⊙固定资产，是指企业使用期限超过 1 年的房屋、建筑物、机器、机械、运输工具及其他与生产经营有关的设备、器具、工具等。不属于生产经营主要设备的物品，单位价值在 2000 元以上，并且使用年限超过 2 年的，也应当作为固定资产。

固定资产包括两方面含义：第一，使用期限比较长；第二，价格相对比较高。固定资产主要是由投资者投入、构建或者融资租赁的。固定资产在使用过程中保持原有的形态不变，预期会给企业带来经济利益，且其成本能够被可靠地计量。在固定资产的使用寿命内，企业需要按照一定的方法对固定资产计提折旧。固定资产的折旧方法有平均年限法、工作量法、双倍余额递减法和年数总和法。

固定资产代表企业的生产能力，一般来说，企业固定资产所占的比例越大，企业的营运能力就越强。但是，固定资产的增加也带来了折旧费用、管理费用的负担，会对企业赢利能力造成影响。因此，经营管理者需对固定资产的投资做出合理选择。分析固定资产要分析固定资产的周转率，分析同样的固定资产带来了多少收入。有的企业可以用很少的固定资产来获得很高的收入，资产周转速度较快，战略调整灵活性高，犹如“小马拉大车”；但有些企业有大量的固定资产闲置，以及没有协同效应的失败并购，犹如“大马拉小车”。

⊙长期股权投资，是指企业投出的不准备在1年内变现的股权性质的投资。企业通过投资取得被投资单位的股份，成为被投资企业的股东，依所持有的股份份额享有股东的权利并承担相应的义务，一般情况下不能随意抽回投资。长期股权投资的目的一般在于对被投资企业施加重大影响，保证原材料的供应或者产品的销售；或者是为了与被投资企业建立密切关系，以分散经营风险。

在我国，长期股权投资的取得方式主要有两种：在证券市场上以货币资金购买其他企业的股票，这是“间接投资”；以货币资金、无形资产或其他实物资产投资于其他企业，从而成为被投资单位的股东，这是“直接投资”。

长期股权投资要注意是不是多元化经营，当然有些长期股权投资不一定是多元化经营，但是与多元化经营有关系。多元化经营实际上是为了分散风险。

⊙无形资产，是指没有实物形态，但是能给企业带来经济利益的资产，如专利权、商标权、著作权、土地使用权、特许使用权、商誉等。

会计核算无形资产时，以其实际成本入账。需要注意的一点是，只有并购的时候才能确认商誉。比如说可口可乐这个品牌值600多亿美元，但它在资产负债表上并不体现出来，如果百事可乐把可口可乐收购过来，那时候有可能在资产负债表上体现出商誉这一点。使用寿命有限的无形资产，需要在使用寿命内采用合理的方法进行摊销，对于使用寿命不确定的无形资产则不需要进行摊销，但要进行减值测试。

2. 负债

负债，是指企业由于过去的交易或事项所承担的、能用货币计量的、需要今后以资产或劳务偿付的现实义务。换句话说，负债就是企业欠别人的钱。在会计中，一家企业的负债由两部分组成：一部分是流动负债，另一部分是非流动负债。

（1）流动负债

流动负债也叫短期负债，是指将在1年（含1年）或者超过1年的一个营业周期内偿还的债务，包括短期借款、应付票据、应付账款、预收账款、应付职工薪酬、应交税费等。

短期借款是指企业向银行或其他金融机构等借入的期限在1年内的各种借款。应付账款是企业因购买材料、商品或接受劳务供应等产生的债务，如果采取商业汇票的形式进行结算就叫作应付票据。预收账款是企业预收客户的钱而实际没有给付商品产生的债务。应付职工薪酬是企业对单位职工个人的一种负债，在企业给职工支付工资以后，这项负债就立即消除。应交税费是企业在一定时期内取得的营业收入、实现的利润或发生的特定经营行为，并按照规定向国家交纳的各种税金。按照权责发生制，这些应交的税金在尚未交纳之前，形成企业的一种短期负债。

（2）非流动负债

非流动负债是指偿还期在 1 年或者超过 1 年的一个营业周期以上的负债，包括长期借款、应付债券和长期应付款等。

长期借款是指企业向银行或其他金融机构借入的，尚未归还的 1 年期以上的借款本息。应付债券是指企业根据国家的规定，向社会发行的超过 1 年期以上的债券，这相当于企业向社会各界借钱，对企业来讲，形成的是一种债务。长期应付款是指企业除长期借款、应付债券以外的其他长期债务。比如，企业为生产产品购买了几台机器，要进行分期付款，偿还期超过 1 年，这样的付款就称为长期应付款。

3. 所有者权益

所有者权益，也叫股东权益，或者叫净资产，是由资产减去负债所得。所有者权益是指投资者的钱，是所有者在企业资产中享有的经济利益。投资者的钱由两部分构成：一部分是股东投入的资本，另外一部分从利润中来。

所有者权益一共有四项：实收资本、资本公积、盈余公积、未分配利润。提高所有者权益就是企业最核心的事情，企业要努力通过提高收入来提高所有者权益。

（1）实收资本和资本公积

在我国，实收资本（或股本）同注册资本在数额上是相等的，是投资者按照企业章程或合同、协议的约定，实际投入到企业的资本。

资本公积是与企业的赢利无关，而与资本相关的一个科目，主要反映企业的资本溢价或股本溢价（如发行股票时收到的超过票面价值的金额）。

（2）盈余公积和未分配利润

这两部分内容都是留存收益。

企业赢利了，创造了利润但不分配，相当于用利润接着向企业投资。留存收益的提取要符合相关规定。

比如，三个人每人投资 100 万元创办了一家企业，注册资本为 300 万元。创办第 1 年，该企业有 100 万元的利润，这 100 万元利润怎么处理？一人分 33 万元行不行？不行。财务上有规定，每人不能分那么多，必须要提法定盈余公积。

该企业 100 万元的利润中有 10% 是不能分的，剩下 90% 的利润可以由三个股东分配。但是为了企业的发展，企业一般都会再留存一点，只分掉一部分，比如说把 30% 的利润分给股东，那么未分配利润就占 60%，也就是 60 万元。那么第 1 年年末资产负债表上盈余公积就是 10 万元，未分配利润就是 60 万元。

假设第 2 年企业又有 100 万元利润，计提 10% 的盈余公积金，这时候可供股东分配利润是去年 60 万元的未分配利润加上今年的 90 万元，所以一共有 150 万元可供分配。如果企业没有项目可以投资，那么股东就将这 150 万元进行分配。假设分配利润 130 万元，那么未分配利润就是 20 万元。这样的话，该企业第 2 年的资产负债表中盈余公积金为 20 万元，未分配利润为 20 万元。

三、企业借钱，越少越好吗

分析负债规模的两个比率

- 资产负债率
- 流动比率

一家企业的“家底”怎么样，要看它的资产有多少。具体来说，要看资产当中多少钱是借来的。怎么看借来的钱有多少，这就要关注企业的负债规模了。负债规模可以通过两个财务比率来分析：一个是资产负债率，另一个是流动比率。

1. 资产负债率与企业资本结构

（1）资产负债率

资产负债率 = 负债总额 ÷ 资产总额 ×100%

资产负债率是负债总额除以资产总额的百分比。资产负债率能反映在总资产中有多大比例的资产是通过借债来筹资的。

资产负债率是高一点好还是低一点好？这要看从谁的角度来考虑。

从债权人的角度考虑，企业的资产负债率越低越好，如果企业的资产负债率高，其风险将主要由债权人负担，这对债权人来讲是不利的。比如对于银行来说，它最关心的是能否按期收回本金和利息。因此，银行更倾向于贷款给资产负债率低的企业，因为这样的企业偿还能力强，银行不会有太大的风险。

从股东的角度考虑，企业的资产负债率越高越好，股东希望利用负债经营得到更多利益。举个例子来说。

甲有1元钱，现在有一个收益率为20%的投资项目。如果甲投资1元钱到这个项目，他能挣2角钱。现在甲向乙借1元钱，利息为10%，此时甲就有2元钱了，甲将这2元钱都投资进去，如果收益率还是20%的话，甲能挣4角钱，其中，甲要给乙1毛钱的利息，甲实际上挣了3角钱，甲的收益率变成30%。

如果甲向乙借9元钱，甲就有了10元钱可以投资该项目，如果收益率还是20%的话，甲能挣2元钱，甲给乙9角钱利息后，甲实际上挣了1.1元。也就是说，企业借债越多，股东利用财务杠杆获利就越大。如果一家企业的资产负债率是20%，可以说这家企业没有有效地利用财务杠杆。

怎样的资产负债率是合适的呢？这要看企业所处的行业和行业所处的发展阶段。

对于金融企业来说，其自有资金比率较低，钱就相当于是原材料，高负债经营是金融企业的一大特征，金融企业的资产负债率一般达到百分之八九十。但对于生产型企业来说，这样的资产负债率就太可怕了。

我们重点来看一下非金融企业的资产负债率。对于资产负债率低的企业，比如资产负债率只有1%，这样的企业基本上没有什么负债。如果一家上市企业资产负债率这么低，说明它真的不差钱，它发行股票筹到的钱就够用了，但是这样的上市企业很少。很多上市企业的资产负债率为40% ~ 60%，这是比较正常的。资产负债率高达70%就有点危险了，企业如果周转不好的话，有可能陷入危机之中。每个行业的资产负债率水平不同，我们通常认为资产负债率为50%是合适的，其实60%也不是不可以，要看行业的具体情况。我们可以看看下面这个例子。

1999年11月1日，韩国第二大企业集团大宇集团向新闻界正式宣布，该集团董事长金宇中携各下属公司总经理集体辞职，以表示对大宇的债务危机负责，并为推行结构调整创造条件。韩国媒体认为，这意味着“大宇集团解体进程已经完成”“大宇集团已经消失”。当时大宇集团总资产为710亿美元，负债为598亿美元，资产负债率高达84.23%。

大宇是“章鱼足式”扩张模式的积极推行者，认为企业规模越大，就越能立于不败之地，即所谓的“大马不死”。1993年金宇中提出“世界化经营”战略时，大宇在海外的企业只有15家，而到1998年底已增至600多家，等于每3天增加一家企业。那么企业扩张所需要的资金从哪里来？显然光靠企业内部自身的资金是远远不能满足需求的，于是金宇中大肆举债。企业规模迅速扩大，但其利润并未能随之扩大，当银行受到金融危机的冲击要回收贷款时，大宇公司就陷入了困境，美丽的神话一时间化为泡影。

从表面上看，1998年的亚洲金融危机是大宇集团倒下去的导火索，但真正的危机是大宇集团的债台高筑、大举扩张，从资产负债表上看，就是资产负债率过高。

正常来说，企业可以通过举借新债来偿还旧债，以维持现有的资产规模和资产负债率。但是，当发生金融危机或者国家宏观调控时，企业无法从银行贷款，而原来的负债需要偿还，这就使企业的资金链出现了断裂，最终可能导致企业的破产。大宇集团正是遇到了这样的情况。

知识链接

有一个概念叫资不抵债，就是说企业的净资产为负，资产负债率大于100%。资不抵债是怎么形成的？比如一家企业所有者权益为100万元，负债为100万元，总资产是200万元。企业从开始经营就连连亏损，如果不借钱就维持不下去，时间长了，它的负债就会越来越多，最终造成资不抵债。

（2）资产负债率的调整方法

人为调整资产负债率的方法主要有以下三种。

第一种是债转股。

比如，一家企业的资产是 100 万元，负债是 90 万元，所有者权益是 10 万元。这 90 万元的负债是企业欠银行的钱，按道理，企业每年必须向银行支付利息。后来企业经营不好，出现了亏损，交不上利息；利息支付不了，本金更不容易还。

后来，企业的经营状况越来越差，眼看就要破产了。如果破产的话，银行的钱就更收不回来了。怎么办呢？于是，企业从这 90 万元负债中拿出 40 万元来放到所有者权益里去，于是所有者权益增加了 40 万元变成 50 万元，负债减少 40 万元变成 50 万元，债权人变成股东，也就是说银行成了股东。可是银行不愿意成为股东，因为他们不懂得经营企业。于是银行就让资产管理中心把企业股权接过来，但并不参与经营，而是想办法把股权卖掉，因为卖股权比卖债券容易一些。最好的解决办法是等这家企业的资产负债率降下来，将企业包装后上市，企业上市后，银行卖股权的价钱就很高了。

第二种是企业年底还债，下年年初再借回来。

比如，一家企业的资产为 100 万元，负债为 90 万元，所有者权益为 10 万元，此时资产负债率为 90%。企业年底还 40 万元，资产变成了 60 万元，负债变成 50 万元，资产负债率下降为 83.33%。第二年年初，企业再将这40万元借回来。

第三种是曲线融资。

我们可以通过下面这个例子来了解曲线融资是怎么回事。

国内某企业与德国银行Hypo Real Estate Bank International（简称HI）达成合作协议，由后者出资3500万美元，双方共同完成某房地产公司开发的“城市花园”项目。

从法律上讲，这笔融资属于股权融资，HI虽然拥有该项目52%的股权，但是并不拥有实际控制权。根据双方的合同约定，在项目回款之后，该国内企业将以同业拆借利率再加上几个点的利息赎回股权。也就是说，这实际上是一笔商业贷款。但由于商业贷款属于资本项目，直接的境外信贷显然有违目前的外汇管制，因而才不得不“曲线融资”，其实质是以境外直接投资（FDI，Foreign Direct Investment）之名，行商业贷款之实。

2. 流动比率与企业短期负债的合适性

流动比率是流动资产与流动负债的比值，用以衡量企业的短期偿债能力，其中流动负债是短期债务。

流动比率 = 流动资产 ÷ 流动负债

如果一家企业的流动比率从 2.66 降到 2.17、2.14、1.99、1.63、1.35、1.15，这种情况是好是坏呢？答案是：不一定。

流动比率降低说明企业的资金可能有问题。从流动比率的公式来看，降低的原因不是流动资产减少了，就是流动负债增加了。如果是因为流动资产减少了，那么流动比率下降是一件好事，这说明流动资产占用的资金减少了。如果是因为流动负债和流动资产同时增加了，并且流动负债增加得比流动资产快的话，那就不是一件好事，说明流动资产占用资金过多，企业效益不好。

那么合理的流动比率是多少？一般认为，流动比率维持在 2 倍左右比较合适。如果一家企业的流动比率有 10 多倍，很明显，这家企业不缺钱，不需要太多的流动负债。如果一家企业的流动比率低于 1，那么很可能这家企业缺钱。因为流动资产是 1 年里面流动变现的钱，把 1 年变现的钱全部用来偿还流动负债，是不被允许的！但从另一个角度来说，如果一家企业能维持正常的经营，生产效率高，流动资产占用的资金少，那么流动比率小于 1 也是没有问题的。

总的来说，流动比率是 2 是比较合适的。流动比率过高说明企业没有管理好流动资产，没有有效地利用资金。流动比率过低说明企业可能无力清偿短期债务，企业有很大的财务风险。就和负债一样，资产负债率和流动比率，也是一把双刃剑，太高或者太低了都不好。

四、企业流动资金够用吗

如何分析流动资金的运营能力

- 什么是流动资金
- 流动资产的周转与流动资金的关系
- 如何解决流动资金不足问题

1. 什么是流动资金

流动资金是企业经营所必需的，所以也叫营运资金或者营业周转资金。营运资金可以理解为企业全部的流动资产，包括现金、存货、应收账款等。还可以理解为流动资产减去流动负债，即所谓的净营运资金。流动资产主要是应收款和存货，流动负债主要是应付款。

企业要想正常地运营，必须要有流动资金，流动资金是用来做什么的？它有三个用途：一是用来购买存货，一是被应收款占用，还有一部分是货币资金。从这个角度来说，存货、应收款、货币资金这三项占用的是企业的流动资金，但是企业实际上并不需要投入这么多流动资金，因为企业有流动负债，实际要投入的资金是这三项减去流动负债。

2. 流动资产的周转与流动资金的关系

俗话说“最差的投资就是持有现金”，可见一家企业的流动资金很多并不一定是件好事。流动资产减去流动负债是一个绝对数，对于不同企业来讲，一般拿流动比率进行比较。流动比率大，说明企业的流动资金充足，这是债权人希望看到的事情。但是这对企业有利吗？我们来分析一下。

有 A、B 两家企业，它们的资产都是 100 万元。A 企业的流动资产为 30 万元，固定资产为 70 万元；B 企业的流动资产为 70 万元，固定资产为 30 万元。那么，哪家企业的资产利用率更高？

我们从流动资产的角度来分析，流动资产的作用只有一个——使固定资产能够运转起来。A 企业这 30 万元的流动资产仅仅是为了使 70 万元的固定资产能够运转起来，在保证生产的前提下，流动资产越少越好。现在很多企业进行物流管理、应收款项管理，目的就是使得应收款降低、存货降低，从而减少对流动资产的占用。而B企业要用70万元的流动资产才能使得30万元的固定资产运转，从而为企业创造利润。这70万元的流动资产中存货和应收款占了很大比例。所以从这个角度来说，企业的流动资产占用资金不要太多，同时企业的流动比率适宜较低。如果流动资产等于流动负债，企业是不需要投入流动资金的。相比较而言，A企业的资产利用率更高。

企业用于购买存货、取得应收款的流动资金来源于流动负债，而企业投入长期资本、长期负债和股东权益的资金用来购买固定资产。所以企业要关注流动资产和总资产的比例关系，或者说流动资产与固定资产的比例关系。如果流动资产占用的资金过多，企业的效益好不了，除非企业在某些特殊情况下要为防止涨价而积压存货。现在越来越多的企业追求“零库存”，也就是说，企业没有原材料库存，产品生产出来就卖出去，没有存货。如果企业卖出产品的钱能马上收回来，应收账款也没有了，那这家企业就会运转得非常好。

3. 如何解决流动资金不足问题

当企业的流动资金不足时，企业有两个解决办法：一个是举债，另一个是减少流动资产的资金占用，使存货和应收款占用的资金减少。

我们说的举债通常是指向银行借款，也有企业通过发行公司债券进行融资，但是常见的还是前者。借款分为短期借款和长期借款。前者利率低，但是还款期限短；后者还款期限长，但是利率高。企业到底需要短期借款还是长期借款，要考虑资金的用途、还款期限、还款能力等因素，要根据实际情况来判断。有一个概念叫作短借长投，指的就是企业用流动负债借来的钱做长期投资。这种方法有一个好处——短期借款成本低。但是短期负债到期时如何偿还？企业需要不断地举借新债来偿还旧债。这样一来，企业的资产负债率越来越高，财务风险越来越大。当企业借不到钱的时候，就会出现财务危机。

除了举债之外，企业更应该做的事情是减少流动资产的资金占用，包括降低存货和应收款的资金占用。减少存货占用的流动资金，主要是进行存货管理，加速存货周转。减少应收款占用的流动资金，主要是指企业的销售部门“催债”，尽快收回应收款项。当然，企业也可以占用给供应商的应付款。这些途径会使得企业的流动资金更加宽裕。

五、企业“家底”有多少——根据资产负债表评估企业价值

企业的目标是什么？答案是股东财富最大化，而股东财富就是企业的价值。企业决策是否正确的根本标准就是能否增加企业的价值。

我们把企业全部资产的总体价值称为“企业实体价值”，也就是股权价值与净债务价值之和。在这里，股权价值和净债务价值不是指它们的会计价值，而是指公平市场价值。

知识链接

公平市场价值和会计价值是两回事，有时候很可能相差悬殊。会计价值是指账面价值，就是列示在企业财务报表里面的数字。而公平市场价值是指在公平交易中，熟悉情况的双方自愿进行资产交换或债务清偿的金额。

评估一家企业的价值，目的是确定该企业的公平市场价值，帮助投资人和管理者作好决策。由于制定投资决策和经营决策必须以

现实的和未来的信息为依据，而历史成本会计提供的信息是面向过去的，与这两方面的决策没有很大关系，所以体现了企业资金的时间价值、风险及持续发展能力的公平市场价值更能真正代表企业的价值。

大多数企业并购都是以购买股份的形式进行的，因此评估的焦点是卖方的股权价值。进行企业价值评估常用的有两种模型：现金流量折现模型和相对价值模型。现金流量折现模型在概念上很健全，但是在应用时会碰到很多技术问题。另一种相对容易的评估方法，也就是相对价值模型，是利用类似企业的市场定价来评估目标企业价值的一种方法。本部分将从资产负债表的视角，介绍相对价值模型中的市净率模型。这种方法假设股权价值是净资产的函数，同行业企业有相同的市净率，净资产越大则企业价值越大。从而一家企业现有的价值可以计算为：

企业价值 = 目标企业的账面净资产 × 合适的市净率

其中合适的市净率可以按照同行业上市企业的平均市净率来计算。上市企业的市净率可以计算为：

市净率 = 每股市价 ÷ 每股净资产

其中，每股净资产 = 普通股股东权益 ÷ 流通在外普通股。每股净资产反映每只普通股享有的净资产，市净率反映普通股股东愿意为每 1 元净资产支付的价格。股权价值是净资产的一定倍数，因此，目标企业的价值可以用每股净资产乘以平均市净率。

参考本章第二部分所有者权益构成中形成资本公积那部分的内容。如果 A、B、C 各投入 100 万元后，企业经营 1 年后获得净利润 60 万元，且没有进行利润分配，那么该企业的所有者权益（净资产）就应该为 360 万元。

那么该企业如果转让，其价值是多少呢？假设同行业上市企业的市净率为 4 倍，那么该企业的价值就是 360 万元 ×4=1440 万元。如果 D 想进入该企业并占 1/4 的股份，那么 D 应该投入多少钱？答案是 480 万元（实际上是 120 万元 ×4），其中 100 万元计入实收资本，另外 380 万元计入资本公积。

再深入一点说，如果该企业要在创业板上市，要先进行股份制改造，将原来的企业折合成 300 万股，则净资产 360 万元除以股数 300 万，得到每股净资产为 1. 2 元；如果发行定价为每股 4. 8 元，公开发行股票 100 万股，同样募集 480 万元，原有的发起股东占 3/4 的股份，新增股东占 1/4 的股份。实际上，一些传统行业企业在主板上市时的市盈率溢价大概是 3 ~ 6 倍的水平，而成长性较好的一些新兴行业、高科技企业的市盈率溢价可能达到 20 ~ 30 倍的水平。也就是说，净资产为 360 万元的企业，以 20 倍的市盈率溢价计算，其市场价值可以达到 7200 万元。如果有新股东加入并想获得 1/4 的股份，那么需要投入多少钱？答案是：2400 万元，也就是 120 万元 ×20=2400 万元。

如果发行股票，每股价格将是 1.2 元 ×20=24 元。可以看到，在上市之前，该企业原股东 A、B、C 从账面上看其净资产为 360 万元，折合成 300 万股，每人 100 万股。通过上市，每股股票价格可以卖到 24 元，每个人的资产价值为 2400 万元（3 人一共是 7200 万元）。这就是创业板创造亿万富翁的秘诀。

但是有些企业财务状况不好，就值不了多少钱了，我们来看一个例子。

外国投资者 A 希望与中方集团公司 B 成立一家合资企业，双方商定共同出资 1000 万美元。集团公司 B 目前有一个下属公司 C，该公司生产的产品与合资企业的产品类似，只是产品全部在国内销售。C 公司的经营状况一直不是很好，所以集团公司 B 希望将该下属公司无偿赠送给未来的合资企业。

外国投资者 A 方的管理层认为有必要先对 C 公司的财务状况进行审查，然后再作决定。经过审查，C 公司的资产负债表上显示：资产总额为 8000 万元，其中，货币资金 500 万元，应收账款 2000 万元，存货 2000 万元，固定资产 3500 万元；企业负债总额 1.1 亿元；所有者权益为 -0.4 亿元。

A 方财务顾问在进行深入分析之后认为，应收账款的回收率为70%（可能产生600万元的坏账），存货2000万元中有些产品已经过时，估计可变现的价值为1600万元，账面固定资产3500万元与目前的市场重置成本相当。从账面上看，C公司的实际资产价值只有7000万元，负债为1.1亿元，公司的实际净资产为-4000万元。很显然，合资公司接受B公司的赠送，对自己没有任何好处。因此，外国投资者A决定不接受这个“赠送”。

事实上，在这种情况下，企业的价值不能再用净资产与适合的市净率的乘积来评估。当前我国有一些上市公司已经处于资不抵债的状况，但表面上仍然有着较高的价值（其价值可以用每股股票价格乘以总股数来计算），投资者持有该类股票的风险可想而知。

利用市净率来确定企业的价值，数据容易获得且容易理解。另外，净资产账面价值比净利润稳定，也不像净利润那样经常被人为操纵。但是，净资产账面价值容易受会计政策选择的影响，如果各企业执行不同的会计标准或会计政策，市净率会失去可比性。此外，少数企业的净资产是负值，在这种情况下，使用市净率会失去意义，无法进行比较，此时需要寻找其他的方法来对企业进行估值。

本章阐述了资产负债表的编制原理，介绍了资产、负债和所有者权益的主要项目，分析了企业负债规模的影响，说明了流动资产和流动资金的重要性，并从资产负债表的角度，通过市净率这一指标简要地说明了评估企业价值的方法。在下一章中，我们将对利润表进行分析。

第三章

装饰面子——利润表

如果说资产负债表是企业的底子，那么利润表就是企业的面子。大家都要通过利润表来查看企业赚不赚钱，赚多少钱。有利润就说明这家企业能赚钱，大家就会觉得这家企业还不错；要是没利润，就不赚钱，大家对这家企业的印象就不好。

如果说资产负债表是企业的底子，那么利润表就是企业的面子。大家都要通过利润表来查看企业赚不赚钱，赚多少钱。有利润就说明这家企业能赚钱，大家就会觉得这家企业还不错；要是没利润，就不赚钱，大家对这家企业的印象就不好。

利润表分为几个部分：一个是核心利润，第一章里已经提过了，就是营业收入减掉营业成本、营业税金及附加、期间费用（销售费用、管理费用、财务费用）之后的利润，这是企业主要业务的利润，也是需要重点关注的部分；另一个是投资收益；还有一个是营业外收支。后面两个占的比例不大，不是企业的主要业务，我们不做重点分析。对于中小企业来说，也许没有投资收益，也没有营业外收支，核心利润就是企业的税前利润（即利润表上的利润总额）。

一、“面子”怎么看

资产负债表反映的是企业某个特定日期的财务状况，就像拿一个照相机，“咔嚓”一下把企业某个日期里的情况都照下来，我们可以看看企业那天的财务状况是怎么样的。虽然我们不能说今年 5 月到 6 月这段时间内的财务状况如何，但是我们可以查看 5 月这 31 天的经营成果怎么样，这就是利润表要反映的东西——某一时期的经营成果。表 3-1 就是某企业的一张利润表。

表 3-1　利润表

编制单位：××企业　　××年　　单位：元/人民币

项目	本期金额	上期金额（略）
一、营业收入	8,000,000.00	
减：营业成本	6,500,000.00	
营业税金及附加	100,000.00	
销售费用	150,000.00	
管理费用	200,000.00	
财务费用	250,000.00	
资产减值损失	200,000.00	
加：公允价值变动收益（损失以“-”号填列）	-	
投资收益（损失以“-”号填列）	100,000.00	

续表

项目	本期金额	上期金额（略）
二、营业利润（亏损以“-”号填列）	700,000.00	
加：营业外收入	–	
减：营业外支出	–	
三、利润总额（亏损总额以“-”号填列）	700,000.00	
减：所得税费用	175,000.00	
四、净利润（净亏损以“-”号填列）	525,000.00	
五、每股收益	（略）	

资料来源：2010年度注册会计师全国统一考试辅导教材《会计》。

资产=负债+所有者权益，这是会计第一恒等式，也是资产负债表的编制原理。利润表所反映的是会计第二恒等式：收入-费用=利润。

利润表里都有哪些项目呢？让我们一起来看看。利润表中有四项表示收入：营业收入、公允价值变动收益、投资收益和营业外收入。其他的基本上都是费用，有营业成本、营业税金及附加、销售费用、管理费用、财务费用、资产减值损失、营业外支出、所得税费用。净利润表示所有者享有的收益。我们下面分别来看看这几大项。

1. 收入

收入有三个特点：首先，它是企业在日常活动中取得的，比如商品流通企业销售商品取得的收入；其次，它会导致所有者权益增加，因为收入的增加会使净利润增加，进而增加所有者权益；最后，收入是与所有者投入资本无关的经济利益，这是因为所有者投入的资本一般以实收资本（股本）或资本公积的形式存在于资产负债表中，而不以收入的形式计入利润表中。

收入包括销售商品收入、劳务收入、让渡资产使用权收入、利息收入、租金收入、股利收入等，但不包括为第三方或客户代收的款项。

通常利润表中的收入与营业活动中收到的现金之间是有差别的，并不是说企业收到多少现金就有多少收入。这里涉及权责发生制和配比原则的相关知识。

知识链接

所谓的权责发生制是指企业根据会计准则的规定来确认收入和费用：当期的收入满足确认条件的，即使没收到钱也要确认收入；当期的费用满足确认条件的，即使没有支付出去也要确认为费用。这个就跟收付实现制相对。收付实现制在编制现金流量表时使用，其原则是企业真正收到钱时才在账上确认现金的增加，真正支出去钱时才确认现金的减少。配比原则说的是收入和费用要配比。那么，什么是配比呢？

举个例子来说，企业这个月销售了10件商品，收入是200元，产品成本是100元，收回150元，还有50元应收账款，在不考虑税收的情况下，收入和费用应确认为多少呢？应该确认200元的收入和100元的营业成本，这样费用和收入才是配比的，同时也反映了权责发生制。如果确认200元的收入和75元的营业成本，或确认150元的收入和100元的营业成本，这些都不符合配比原则，也不符合权责发生制原则。

前面提到利润表中有四项表示收入，下面就来简单介绍一下这些收入。

（1）营业收入

营业收入是指企业在从事销售商品，提供劳务和让渡资产使用权等日常经营业务过程中所形成的经济利益的总流入，通俗地说就是卖出去的产品应该从客户那儿收回多少钱。在利润表中，它占收入的比重最大。

以前的利润表把收入分成主营业务收入和其他业务收入，我们能很明显地看出来主营业务和其他业务的收入有多少；现在的利润表把业务收入不分主次，一律放在营业收入里了。一种解释是说现在很多企业实行多元化发展，各种业务的地位差不多，所以就不分主次了。

（2）公允价值变动收益

所谓公允价值，是指在公平交易中，熟悉市场情况的交易双方自愿进行资产交换或者债务清偿的金额计量。公允价值变动收益是2006年新的《企业会计准则》颁布之后增加的一个项目，核算的是资产或负债因公允价值变动而形成的收益。

公允价值变动收益主要来源于企业的交易性金融资产、负债及以公允价值模式计量的投资性房地产的公允价值变动。比如企业用100元买了些股票，打算短期持有，第二天涨到120元，没有出售，那么这多出来的20元就要计入公允价值变动收益中去。在一些中小企业可以不考虑公允价值变动收益对利润的影响。

（3）投资收益

投资收益主要来自长期股权投资，当然也有来自交易性金融性资产的。金融性资产是指企业进行的股票或债券投资，其投资收益的持续性和稳定性不强，所以我们暂且把投资收益看成是来自长期股权投资。长期股权投资是指通过投资取得被投资单位的股份，简单来说就是控股或者参股其他企业。如果你的企业没有对其他企业进行股权投资，那么就不会产生该项投资收益，也就不用关心这个项目了。

企业对其他单位的股权投资，通常视为长期持有（在资产负债表中表现为非流动资产）。通过股权投资，企业可以达到控制或与他方共同控制被投资单位，或对被投资单位施加重大影响，或与被投资单位建立密切关系，分散经营风险。依据对被投资单位产生的影响，长期股权投资可以分成四种类型。

第一种是控制，就是有权决定一家企业的财务和经营政策，并以此从该企业的经营活动中获取利益，即对子公司进行投资。一般而言，持股在50%以上就能对被投资企业进行控制。

第二种是共同控制，是指按合同约定对某项经济活动共同进行控制，被投资企业为本企业的合营企业。一种典型的情况是合营双方各自持股50%，企业的重大决策谁也不能自行拍板，需要双方都同意才行。

第三种是重大影响，就是对一家企业的财务和经营政策有参与决策的权力，但并不作决定，被投资企业为本企业的联营企业。持股比例一般是20%以上，50%以下。实际中一般会有多方力量共同影响联营企业的决策。

第四种就是无控制、无共同控制且无重大影响，在活跃市场中没有报价，公允价值不能被可靠地计量。这种情况一般出现在持股比例小于20%的企业。

根据现行会计准则的规定，这四种类型的长期股权投资在投资收益的确认上采用两种不同的方法：成本法和权益法。第一种和第四种的投资收益采用成本法计算，第二种和第三种则采用权益法计算。

知识链接

所谓成本法，就是说长期股权投资反映的是投资的历史成本，即使被投资企业产生了利润，但是这利润并未被分配，那么投资方就不做账务处理。只有被投资企业分配利润之后，假设以现金的形式分配利润，投资企业才在账上确认现金和投资收益，长期股权投资的金额却仍然不变。

在权益法下，长期股权投资账户反映的是投资企业在下属公司所有者权益中所占的百分比，当被投资方有利润的时候就要确认投资收益，增加长期股权投资；当被投资方分配利润的时候，要是减少长期股权投资，增加现金，投资收益就不需要做出改变。

（4）营业外收入

营业外收入是指与企业生产经营活动没有直接关系的各种收入。它不是由企业经营资金耗费而产生的，不需要企业付出代价，实际上是一种纯收入，因此不可能也不需要与有关费用进行配比。比如罚款收入、固定资产盘盈、处置固定资产获得的净收益等。

营业外收入的发生具有意外性和偶然性，企业无力控制，也很难重复发生。为了了解企业的日常经营活动收入和偶然性收入的比例情况、评价企业的经营成果，在会计核算上，企业必须严格区分营业外收入与营业收入。

2. 费用

费用是与收入相对应的一个概念，它是指企业在日常活动中发生的会导致所有者权益减少和向所有者分配利润无关的经济利益的总流出。比如为了维持企业的日常运营，需要对企业进行管理，这个过程中发生的管理费用就是费用的一种。管理费用的发生会减少利润，因此会导致所有者权益减少。但是管理费用又不是分配给所有者的利润，所以它是与向所有者分配利润无关的经济利益的流出。

目前来看，虽然西方的会计界已经很少再用成本的概念了，但是我国现在还是广泛地采用区分成本和费用的核算方法。

费用在利润表里，成本在资产负债表里，这是二者的区别之一。另外一点就是费用对应的是一个时期，而成本对应的是一个对象（比如产品）。

假如我是领导，问会计一个问题："请告诉我这个月的成本是多少？"会计应该怎么回答我？这个问题应该怎么理解？"这个月的成本是多少？"什么成本？成本就是产品成本。什么产品成本？是完工的产品成本，还是在产品的成本，还是别的什么成本？成本一定是对象化的。

所以我应该问他这个月完工产品的成本是多少，A 产品的产成品成本是多少，B 产品的产成品成本是多少，这个月库存产品的成本是多少。只有对象化了，他才好回答。

费用与一定的会计期间相对应，是尚未划分或不能明确地划分到某个具体对象的耗费。正确的问法是"这个月的管理费用是多少""今年的财务费用是多少""今年的销售费用是多少"。如果只问费用是多少，而不明确是哪个期间的费用，"费用是多少"这个问题就不好回答。

另外一点，期间费用没办法划给具体的对象。例如一家企业生产桌子，某个月管理费用发生了 1 万元，包括订报纸、买办公用品等，我们没有办法说清楚管理费用中有多少是因为管理一张桌子而花费的钱。

总结一下：成本要与对象配比，费用要与期间配比。因此，我们说的"营业成本"，其实是费用，是这个月卖出去的产品的成本，而上个月卖出去的产品的成本就是上个月的费用（营业成本）。而制造企业里的"制造费用"其实是一种成本，因为它最终要按照一定的规则分到各个产品上。

区分了成本和费用之后，我们来了解一下利润表里的主要费用都有哪些。

（1）营业成本

对于商品流通企业来说，营业成本指的是进货成本。一件商品10元进来的，卖出去15元，进货成本10元才是它的营业成本。对工业企业、制造企业来说，营业成本要稍微复杂一点。制造企业的存货包括：原材料、在产品、产成品。买进来是原材料，卖出去是产成品，中间有加工过程，这个过程中要加上人工工资或者车间发生的制造费用，加在一起，最后变为完工产品，然后卖出去。所以10元买进来原材料，到变成产成品时，可能总共要花13元，那么这个产品的营业成本就是13元。

总之，利润表上的营业成本就是指这个期间内卖出去的产品的成本。

（2）营业税金及附加

营业税金及附加反映企业经营主要业务应负担的营业税、消费税、城市维护建设税、资源税、土地增值税和教育税附加等。对于缴纳营业税的企业来说，该项目里包含了所缴纳的营业税；而对于缴纳增值税的企业来说，该项目中不含所缴纳的增值税。常见的应缴增值税不计入“营业税金及附加”项，而是在“应缴增值税明细表”中单独反映。

（3）期间费用

期间费用包括销售费用、管理费用和财务费用。

销售费用也可以叫作营业费用，主要是为销售商品而发生的费用，比如销售过程中发生的运输费、装卸费、保险费、销售人员的工资及福利，销售机构的固定资产折旧费、修理费，广告费，展销费等。一般来说，随着销售收入的增加，销售费用也会增加，这个比较好理解。

管理费用包含的是企业管理者的工资和福利、工会经费、职工教育经费、无形资产的摊销及用于企业管理的固定资产计提的折旧，还有常见的业务招待费，坏账准备和存货跌价准备也包含在这里面。这个科目就像一个大筐，里面装满了各种费用。最后每个月月末算一下管理费用发生了多少，跟预算相比差距大不大。要是差距太大，以后就要注意调整。

财务费用具体来讲，主要是利息支出，还有去银行等金融机构办业务花费的手续费。如果企业发行债券要付利息，也要记到这里面。对于有些中小企业来说，由于没有银行借款，而银行存款又会有利息收入，所以，企业的利润表上可能会显示财务费用为负数，这种情况也很正常，负数说明企业银行账户中有利息收入。

（4）资产减值损失

资产减值损失是指因资产的账面价值高于其可收回金额而造成的损失，这种损失主要是由固定资产、无形资产及除特别规定外的其他资产减值造成的。

比如一些设备过时了，账面价值比实际价值高很多，在这种情况下，就要确认资产减值损失。长虹在2004年计提了25亿元的坏账准备，它的应收账款是20亿元，如果不提坏账准备，应收账款应该是40多亿元，资产负债表中就会虚增一大笔资产。计提资产减值损失反映了会计里的谨慎性原则：不高估资产，不低估负债。不过，由于资产减值损失金额带有一定的主观性：同样的一件资产，有人认为减值20元是合理的，还有人认为减值30元也说得过去。所以这里就成了盈余管理、利润操纵的重灾区。在实践中，规模不大的中小企业进行报表分析时可以忽略这个项目。

（5）营业外支出

营业外支出是和营业外收入相对应的一个概念，它不属于企业生产经营的费用，与企业生产经营活动没有直接关系，但是应从企业实现的利润总额中扣除。常见的营业外支出有固定资产盘亏、报废、毁损和出售的净损失，公益救济性的捐赠，赔偿金和违约金等。

（6）所得税费用

核算企业负担的所得税，在不存在递延所得税的情况下，其数额等于当期应交的所得税。由于会计核算与税法规定存在一定的差异，企业的所得税费用与应交所得税可能会存在一些差异。

比如，对于一项100万元的固定资产，税法规定按10年的期限计提折旧，每年计提10万元；但是企业根据自身实际情况按5年计提折旧，每年计提20万元，计提的折旧进入管理费用。那么计算利润总额时，就会比税法的规定少计算20–10=10万元。计算应交所得税时就要对这10万元进行调整，计入“递延所得税资产”这个项目中。由于所得税费用＝应交所得税＋递延所得税，因此造成所得税费用与应交所得税之间的差异。

3. 利润

介绍了收入和费用之后，我们来看一看利润的计算方法。营业收入减去营业成本就是毛利。毛利减去营业税金及附加，再减去三项期间费用就等于核心利润，再加减公允价值变动收益、投资收益、营业外收支这些项目，得到一个利润，我们叫利润总额，就是大家说的税前利润。税前利润减去所得税后得到净利润。关于这点，通过第一章表1–3便可一目了然。

举个例子，有一家销售铅笔的企业，本月购进了两箱铅笔，100

元一箱。如果不考虑税费等其他费用，这两箱铅笔的成本就是200元。如果本月卖出去这两箱铅笔，150元一箱，那么收入是300元，营业成本是200元。如果发生了60元的期间费用，那么，利润总额就是300–200–60=40元。如果没有其他的收入和支出项，按25%缴所得税，那么净利润就是40×（1–25%）=30元。

稍微变化一下，还是购进两箱铅笔，100元一箱。本月只销售了一箱，另一箱没卖出去，那么营业收入就是150元，营业成本变成100元。如果期间费用还是60元，其他假设条件不变，那么，利润表上利润总额就是150–100–60=–10元。由于亏损不交所得税，因此本月的净利润就是–10元。那么没销售出去的那箱铅笔占用的100元又反映在哪里呢？其实，它以存货的形式反映在资产负债表上了。等那箱铅笔被销售之后，它就会从资产负债表中的存货转到利润表中的营业成本上去。有了收入和费用，一个利润表就出来了，非常简单。

好了，到这里为止，大家基本上了解利润表里的收入、费用都有什么了。下面我们一起来了解核心利润方面的内容。

二、核心利润才是王道

构成利润的四个方面

- 核心利润
- 公允价值变动收益
- 投资收益
- 营业外收支净额

一般来说，利润由四方面构成：核心利润、公允价值变动收益、投资收益和营业外收支净额。

1. 核心利润——最值得信赖的利润来源

核心利润 = 营业收入 − 营业成本 − 营业税金及附加 − 期间费用

这是我们在前面反复提到的一个公式。为什么老提它，因为它在利润表中占据了很重要的位置。

从营业收入到财务费用这些项目，是企业在生存和发展过程中持续发生的，体现了企业主要的收入来源和费用支出，由此计算出的核心利润就是企业最值得信赖的利润来源。相比营业收入，其他的收入项目持续性不强，收入金额不稳定，比如营业外收入就是偶然性的收入，不能成为企业稳定的收入来源。因此，企业要想长期健康地发展，取得较高的核心利润，就必须要在提高营业收入上下功夫。

2. 公允价值变动收益

前面我们已经讲过公允价值变动收益，它主要来源于企业的交易性金融资产和负债，以及以公允价值模式计量的投资性房地产的公允价值变动。而在一般的企业中，这两类资产占的比重并不大，其公允价值变动带来的收益也并非利润的主要来源。

3. 投资收益可靠吗

前面我们也讲过投资收益，它主要来自于长期股权投资，也有部分来自于交易性金融资产。现在企业有钱了，多少会买些股票，或者进行对外投资，希望获得投资收益。如果被投资企业收益不错，那当然是一件锦上添花的事。但投资收益的多少主要取决于被投资方的业绩，投资方没有主动性，不能像决定自身企业的营业收入一样来控制投资收益。因此，除非是以投资为主业的企业，否则不能将企业的发展寄托在投资收益上。

4. 营业外收支净额很多吗

营业外收入减去营业外支出，等于营业外收支净额。营业外收入前面也讲过了，它和经营活动没有关系，很难重复发生。因此，我们可以不用太关注该项目。如果某家企业的利润总是主要来自于营业外收支净额，那它可能是在粉饰自己的报表。

通过这一部分的解释，我们应该能够明确利润表中四种利润来源的地位了。简言之，核心利润才是最值得信赖的利润来源。企业要想增强自身实力、实现长远而持续的发展，就必须努力提高核心利润，而不能将希望寄托在非主业和偶然性的收入上。

三、核心利润比去年多了吗

我们了解了核心利润的重要地位，下面一起来分析一下核心利润，并通过实例来看看企业的核心利润是否有增长。

1. 营业收入与毛利率

核心利润里营业收入是唯一的收入来源，也是企业主要的收入来源。对于处在成长期的企业而言，营业收入是快速增长的；处于成熟期的企业，营业收入应该是在平稳的基础上有所增长；而处于衰退期的企业，营业收入会逐渐减少，在这种情况下，企业就该设法扩大市场或者推出新的产品了。

营业收入减去与之相配比的营业成本就是毛利。毛利占营业收入的比例就是毛利率。在毛利的基础上再减去营业税金及附加和期间费用才得到核心利润。所以对企业来说，毛利率很重要。如果毛利太少，不足以弥补期间费用，核心利润就会很少，甚至变成负数。主要的利润来源都成负数了，企业的利润情况可想而知，这当然是投资者和债权人都不愿看到的情况。所以企业一定要关注毛利率。由于期间费用是相对稳定的，波动不大，所以我们能够合理地预测在经营状况比较良好的情况下，毛利率应该是稳定的，如果能有所增长，那企业的核心利润将会更可观。

我们一起来看看格力电器股份有限公司（简称“格力电器”）和四川长虹电器股份有限公司（简称“四川长虹”）某年的利润表。这两家企业都属于家电行业，因此更有可比性，具体见表 3-2。

表 3-2 格力电器、四川长虹利润比较表

单位：亿元/人民币

	格力电器利润表		四川长虹利润表	
	2008年	2007年	2008年	2007年
一、营业总收入	421.99	380.41	279.30	232.49
二、营业总成本	398.70	366.65	276.92	231.73
其中：营业成本	337.33	311.07	230.47	195.94
营业税金及附加	3.63	3.17	0.96	0.35
销售费用	44.03	43.49	29.86	22.90
管理费用	12.71	8.69	11.48	8.82
财务费用	0.85	-0.10	1.74	2.02
资产减值损失	0.03	0.15	2.42	1.70
加：公允价值变动收益			-0.65	1.24
投资收益	0.09	-0.01	1.17	2.47
三、营业利润	23.39	13.75	2.90	4.46
加：营业外收入	0.83	0.64	1.93	1.00
减：营业外支出	0.16	0.12	1.93	0.20
四、利润总额	24.06	14.26	2.91	5.26
减：所得税费用	2.78	1.39	0.28	0.71
五、净利润	21.28	12.87	2.63	4.54

续表1

	格力电器利润表		四川长虹利润表	
	2008年	2007年	2008年	2007年
六、每股收益（单位：元）				
（一）基本每股收益	1.68	1.05	0.0164	0.1950
（二）稀释每股收益	1.68	1.05	0.0164	0.1950

2007年到2008年，格力电器的收入由380.41亿元变成421.99亿元，增长了10.9%；四川长虹的收入由232.49亿元变成279.30亿元，增长了40多亿元，增长率高达20%，这在家电行业来说已经相当不错了。收入有所增长，这个趋势说明企业运作得还不错。

我们再看看毛利率。

2007年，格力电器的毛利率是（380.41–311.07）/380.41 ≈ 18.2%；2008年，其毛利率是（421.99–337.33）/421.99 ≈ 20.1%。毛利率涨近两个百分点，挺好。看看同行业的四川长虹，2007年的毛利率是（232.49–195.94）/232.49 ≈ 15.7%；到2008年变成了（279.3–230.47）/279.3 ≈ 17.5%。其毛利率也增加了约两个百分点。通过两家公司利润表的比较，我们可以看出它们的毛利率都有所增长，发展形势都不错。相比而言，格力电器的毛利率稍微高一些，从这一点看，它的获利能力比四川长虹要好一些。

我们也可以进行一下行业间的比较。我们计算了一下宝钢的毛利率。2008 年宝钢的营业收入为 1505 亿元，营业成本为 1340 亿元，毛利是 165 亿元，毛利率大概是 10.96%；2007 年的毛利率大概是 14.96%。就绝对值来说，宝钢的毛利更高。但是就毛利率来说，2008 年家电行业的赢利比钢铁行业高。

2. 期间费用的变化

接下来我们来了解三项期间费用。期间费用一般比较稳定，如果有明显的异常，就需要我们加以关注了。下面是格力电器 2008 年利润表的部分数据，具体见表 3-3。

表 3-3　格力电器利润表

单位：亿元/人民币

格力电器利润表				
	2008年	2007年	变化值	变化幅度
营业总收入	421.99	380.41	41.58	10.9%
销售费用	44.03	43.49	0.54	1.23%
管理费用	12.71	8.69	4.02	46.26%
财务费用	0.85	-0.10	0.95	950%

在营业总收入增长 10.9% 的情况下，销售费用增长了 1.23%，

推测企业可能提高了销售效率，或者是销售渠道建设日趋成熟和完善，降低了销售成本。查看其2008年年报附注显示“企业销售网络健康稳定，发展良好，营业费用较为稳定”，初步验证了这一推测。

管理费用增加了46.26%，与营业收入的变化方向一致，但较2007年大幅增加，需要查看一下原因。2008年年报附注解释为“主要是由于2007年执行新会计政策，把2007年年底未使用完的福利费1.67亿元用于冲减当年的管理费用”，也就是说，新旧准则的差异导致2007年的管理费用被大量冲减，造成2007年和2008年的管理费用差异较大。另外，格力电器2008年内合并范围扩大也导致了管理费用的增加。如此一来，管理费用的大幅度增加也就不足为奇了。

一般来说，企业会向银行贷款，有贷款就要还利息，相应的财务费用也就会增加。2007年格力电器的财务费用是负数，表明它不缺钱，不用向银行借钱，或借钱很少。2008年财务费用较2007年大幅增加，主要是因出口销售收入有所增长、人民币升值速度加快及巴西货币贬值使得汇兑损失大幅增长等综合因素所致。不过2008年财务费用也只占营业收入的0.2%，比重不大，没有什么异常。

总的来说，一家企业的期间费用变化的方向和营业收入变化的方向是一致的。在企业正常经营，没有重大的合并、收缩等事项的情况下，期间费用一般比较稳定，变化幅度不应该很大。如果变化太大，费用的绝对数额又很大，那么我们就需要对此项加以关注，可通过企业的年报及其他途径分析变化的具体原因，看看这种变化是否正常。

3. 核心利润率的变化

利润由核心利润、公允价值变动收益、投资收益、营业外收入四部分构成。如果利润主要来自于投资收益或者营业外收入，那么企业的前景是堪忧的。企业最重要的任务是提高核心利润。

我们拿企业的净利润除以销售收入得到一个比率，叫作销售利润率。这个比率没有太大意义，因为它不能告诉我们利润主要来自于哪一方面。我们需要分析的是核心利润率。什么是核心利润率？核心利润率就是核心利润除以营业收入得到的那个值。我们看看下面三家企业核心利润率的变化情况。具体见表 3-4。

表 3-4　格力、长虹、宝钢核心利润率分析表

单位：亿元/人民币

	格力电器利润表		四川长虹利润表		宝钢利润表	
	2008年	2007年	2008年	2007年	2008年	2007年
营业收入	422.00	380.41	279.30	232.49	1505.29	1363.60
减：营业成本	337.33	311.17	230.47	195.94	1340.56	1159.64
营业税金及附加	3.63	3.17	0.96	0.35	9.16	9.98
销售费用	44.03	43.49	29.86	22.90	7.31	7.85

续表

	格力电器利润表		四川长虹利润表		宝钢利润表	
管理费用	12.71	8.69	11.48	8.82	34.27	31.87
财务费用	0.85	-0.10	1.74	2.02	17.71	8.28
核心利润	23.45	13.99	4.80	2.46	96.28	145.98
核心利润率	5.56%	3.68%	1.72%	1.06%	6.40%	10.71%
核心利润率增幅	33.82%		38.51%		-67.37%	

倒数第二行是这三家企业 2007 年到 2008 年核心利润率的变化情况：格力电器由 3.68% 变成 5.56%，增幅 51.09%，不错；四川长虹由 1.06% 变成 1.72%，增幅 62.26%，很好；宝钢由 10.71% 降为 6.40%，降低了 40.24%，但其核心利润率还是比前两家高。这不难理解，行业不同，利润率水平也会有差异，钢铁行业的核心利润率一般比家电行业高。在同行业中，格力电器和四川长虹的核心利润率差距很大，一个超过 5%，一个不到 2%。这两家企业资产规模差不多，一个是 308 亿元，一个是 255 亿元，但是核心利润率相差较大，从这一点能看出格力电器的实力比四川长虹强。

从长期来看，如果一家企业能够保持稳定增长的核心利润率，即不断改进生产和管理技术，降低成本和费用，扩大销售收入，那么企业的发展前景是非常乐观的。所以，在分析企业的赢利状况时，千万不要忽视对核心利润率的分析。

四、企业赚钱，多少方算好

1. 净资产收益率

大家学会看利润表了，不禁会问：企业净利润多少、赚多少钱才合适？当然利润是越多越好，那多少钱就算挺好的了呢？赚 1 元好吗？显然不好，太少了，还不如存银行收利息呢！赚 1 亿元好吗？那当然好！那赚 10 万元、20 万元、100 万元、1000 万元呢？这就不好回答了。那有没有一个标准来衡量企业赚多少钱合适呢？有的，这就是净资产收益率。看一家企业的财务情况，就要看其最核心的财务指标——净资产收益率。

净资产收益率 = 净利润 ÷ 所有者权益（净资产）

净利润的期间是 1 年，净资产的值取年初的还是年末的是有差别的。大部分时候是取年初和年末的平均值。但是简单来说就可以取年末的净资产值，当然这是在净资产变化不大的情况下。净资产是股东投入的钱，那么净利润是给股东的报酬吗？我们可以这样分析，从营业收入到净利润的过程中已经减掉了给债权人的利息——财务费用，所以净利润就是给股东的报酬。

我们讲资产负债表的时候谈到，企业最核心的任务是要提高所有者权益，所有者权益与净利润有关。净利润增加了，所有者权益才会提高，企业要做的事情就是通过提高净利润使得所有者权益提高，即增加净资产。

钢铁行业的核心利润率确实高于家电行业，但是它的净资产收益率一定高于家电行业吗？不一定。原因在于钢铁行业是资金密集型企业，股东得投入很多资产才能带来这么多利润。而家电行业的固定资产不像钢铁行业那么多，相应地，净资产也不会太多，因而净资产收益率就可能高于钢铁行业。下面我们来比较一下格力电器、四川长虹、宝钢这三家企业的净资产收益率，见表 3-5。

表 3-5　格力、长虹、宝钢的净资产收益率

单位：亿元/人民币

	格力电器		四川长虹		宝钢	
	2008年	2007年	2008年	2007年	2008年	2007年
净利润	21.28	12.87	2.63	4.54	50.77	99.48
所有者权益	77.27	58.60	126.21	113.44	883.03	859.49
净资产收益率	27.54%	21.97%	2.08%	4.00%	5.75%	11.57%

正如上表所示，三家企业净资产收益率由大到小依次是格力电器、宝钢、四川长虹。也就是说核心利润率高的企业，净资产收益

率不一定高。同一行业内不同企业的净资产收益率也有差异。既然如此，那么有没有一个标准来衡量企业的净资产收益率是高还是低呢？答案是有，就是股东要求的报酬率。

股东要求的报酬率一定不会比银行存款利率低，要是比存款利率都低，那还不如存银行收利息呢！财务上有一个经典的模型，叫作资本资产定价模型，讲的就是怎么确定股东要求的报酬率。

研究发现，美国 1926—2003 年之间，大企业股票的年回报率为 13%，而同时期上市的小企业股票的年回报率是 17.6%。由此可以看出，小企业由于面临的风险较大，从而报酬率也就相应高一些。

资本资产定价模型就是根据某家企业所面临的风险大小，来确定股东要求的报酬率的一个模型。从美国股市 70 多年以来股票年收益率是 13% 这个数字，我们可以合理地认为美国企业股东的报酬率平均是 13%。而对于股东要求的最低报酬率来说，一方面应高于借款的利息率，另一方面又不应该超过 13%。因此我们在分析时往往把 9% ~ 10% 当成是股东要求报酬率的一个界限。也就是说，企业的净资产收益率达到 9% ~ 10%，就算是达到了股东要求的必要利润。

知识链接

近年来，我国的国有企业全面实行经济增加值（EVA）考核指标。简单来讲，EVA就是超过所有者预期收益的那部分收益。

EVA为正，说明企业不仅完成了任务，而且还是超额完成，股东当然高兴。EVA要是负数，就说明企业的利润没有达到股东要求的报酬，即使企业的利润大于零，股东无形之中还是亏损了。

这是什么意思呢？这就好比股东拿手里的钱去投资，在市场上转了一圈，发现很多项目的平均收益率为10%。但是没投那些项目，而是选择了你的企业，为什么呢？因为股东相信你给的收益率大于或者至少是等于10%。但结果呢？企业今年也赢利了，但是净资产收益率是7%，比股东要求的回报率低，所以股东实际上亏损了3%。

所以说，如果企业的净资产收益率低于股东要求的报酬率（例如10%），那么，你并没有给股东创造经济增加值（EVA），EVA将是负值。相比于净资产收益率，EVA更直观地反映了股东的价值是增加了还是减少了。但是这个考核方法具体应用起来还是有些复杂，也不适用于所有企业，所以直接说净资产收益率更好理解。介绍EVA是要提醒大家今后看报表时不能只看有没有利润，也不能只看净资产收益率是多少，而是要跟股东要求的报酬率比较，看看企业到底做得好不好。

2. 总资产报酬率

什么是总资产报酬率？用公式表示如下：

总资产报酬率 =EBIT÷ 总资产

EBIT 是息税前利润（Earnings Before Interest and Tax）的缩写，简单理解就是企业向债权人支付利息和向政府交税之前的利润。从利润表上看，就是净利润 + 所得税 + 财务费用，或者利润总额 + 财务费用。这里我们认为企业的财务费用就是支付给债权人（银行）的利息。

息税前利润的最终去处有三个：以利息的形式给债权人，以税的形式给政府，以净利润的形式给所有者。有些人用净利润除以总资产来表示总资产报酬率，这样做对吗？显然是有问题的。净利润是给股东的报酬，而总资产等于负债加所有者权益，反映两方的索取权，所以这种算法没有很好地对利润及利润的归属方进行匹配。既然是总资产报酬率，而总资产最终来自于举债和所有者投入，所以分子用 EBIT 比用净利润更合理。

简单来说，净资产利润率是衡量股东投资（即净资产或所有者权益）的报酬率的，而总资产报酬率是衡量全部投资（包括负债和所有者权益）的报酬率的。总资产报酬率能体现企业全部资产的获利水平，并全面反映企业的获利能力和投入产出状况，因此，该指标越高，说明企业投入产出的水平越好，企业的资产运营越有效。总资产报酬率有许多优点，比如，通过对该指标的深入分析，可以增强各方面对企业资产经营的关注，促进企业提高单位资产的收益水平。如果该指标大于市场利率，说明企业可以充分利用财务杠杆，进行负债经营，获取尽可能多的收益。

下面通过一个例子来说明净资产收益率和总资产报酬率的使用情况。

有一家集团公司，下面有两家子公司：A和B。两家公司资产一样，都是1000万元。但是A公司没有负债，B公司有500万元负债，利息率是10%。

假设这两家子公司经营能力一样，收入是由资产带来的，跟负债没有关系，收入是一样多的。假设两家子公司总资产报酬率是20%，即两家公司的EBIT都是200万元，减去财务费用，则B公司税前利润是150万元，A公司税前利润还是200万元。如果所得税忽略不计，那么，A公司的净资产收益率应该是200/1000=20%，B公司的净资产收益率是150/500=30%。

现在集团公司要对这两家公司进行考核，根据考核结果给管理层发奖金。总资产报酬率是一样的，净资产收益率一个是20%，一个是30%，究竟该用哪个指标进行考核？

如果这两家公司能够自己决定资金来源，就应该考核净资产收益率。但是很多公司管理和筹资决策权在集团公司手中，这种情况下，公司对资金的来源没有自主控制的能力，这时考核就应该用总资产报酬率。

五、企业够有“面子”吗——根据利润表评估企业价值

在第二章资产负债表的最后，我们从市净率这个角度评估了企业的价值。但是对于成长性好、对资产数量要求不是很高（例如技术密集型企业）的企业来说，用市净率来评估企业的价值就会有失偏颇。另外，少数企业在出现资不抵债，净资产是负值的情况下，使用市净率也会失去意义，因此需要寻找其他的方法来对企业进行估值。在本小节里，我们将从利润表出发，从市盈率的角度来评估企业的价值。

1. 市盈率

我们常说的市盈率指的是静态市盈率，下面我们首先来了解市

盈率的概念。

市盈率（静态市盈率）= 普通股每股市场价格 ÷ 普通股每年每股收益

市盈率表示人们愿意花多少钱来买1元钱的利润。假设每股收益是（即每股净利润）1元，股价是30元，那么，市盈率就是30倍。市盈率常被用作比较不同价格的股票是否被高估或者低估的指标。一般来说，如果一只股票的市盈率过高，那么该股票的价格很可能具有泡沫，价值被高估了。但如果其市盈率太低，则说明该企业的业绩不被看好，投资时需要特别注意。需要说明的是，利用市盈率比较不同股票的投资价值时，这些股票必须属于同一个行业，因为此时企业每股股票的收益比较接近，这时进行比较才有意义。

从成本的角度来看，在每股股票收益不变的情况下，市盈率越高，购买该股票的价格就越高；股价不变时，越高的市盈率又代表着越低的每股收益。因此，市盈率的高低反映了按照过去每股收益率来判断获取同等收益的成本的高低程度。在实际运用市盈率作为投资参与指标时，我们不仅要关注企业过去的赢利状况，还应关心该企业未来的收益发展状况，也就是股票的成长性。比如市盈率都是20倍的企业，平均年利润增长7%的企业就远比利润增长3%的企业值得投资。

在中国的股票市场上，市盈率在20～40倍之间还算正常，平均市盈率超过40倍就显得偏高了。但是对于有些成长性好的行业来说，市盈率会更高一些。例如创业板，企业平均的市盈率甚至可能达到三位数。但是本书的观点是，不管成长性多好的企业，三位数的市盈率肯定还是偏高了。从股票市场上看，如果上市公司的平均市盈率超过了40倍，那么平均的股价可能有些偏高了，如果平均市盈率在20倍以下，那么应该是进入股市的好时机（仅代表作者观点）。

市盈率是一个粗糙的指标，它也有一些不足。比如，企业往往可视需要对作为分母的每股收益（或净利润）进行调整。而且企业的每股收益（或者净利润）随着经济的周期性波动会大起大落，由此算出的市盈率也会大起大落。

2. 企业价值到底多少

利用市盈率对企业价值进行估算的公式为：

目标企业价值 = 目标企业的年净利润 × 合适的市盈率

在这里，你可以把上述目标企业价值的估值方法与第二章中利用市净率估值的方法进行比较，以便更好地理解这两种估值方法的区别：一个是根据资产负债表估算企业价值，另一个是根据利润表来估算企业价值。我们可以一起来看看下面的例子。

一家企业总资产为1000万元，其中负债400万元，所有者权益600万元。每年平均能创造净利润80万元，那这家企业价值是多少？或者说如果该企业要转让，可以卖多少钱？如果基于资产负债表进行估值，同行业平均市净率是5倍，那么该企业的价值就是3000万元；如果基于利润表进行估值，同行业的平均市盈率是30倍，那么，该企业的价值就是2400万元。事实上，企业的价值可以根据这两种方法综合考虑得出，例如此处我们可以认为，该企业价值在2400～3000万元之间。

公式里“合适的市盈率”，往往可以用同行业上市公司的平均市盈率来替代。

学完利润表之后，希望大家能够知道利润表的编制原理，明确企业的利润来源，并记住四个指标：第一是营业利润率，特别是毛利率和核心利润率；第二是净资产收益率，即净利润除以净资产，看它是否高于所有者要求的回报率；第三是总资产报酬率，透过它来评价一家企业是否能够有效地运营所有资产；第四是市盈率，它对于股票投资和企业价值的评估有一定的参考作用。

第四章

过好日子——现金流量表

现金流量表反映的是企业在一定时期内现金流入和流出的情况，这个“时期”可以是一个月、一个季度、半年，也可以是一年，前三种“时期”出现在中期报表里，最后一种则出现在年度报表中。

看过了企业的“底子”和“面子”，下面我们将一起分析企业的“日子”——企业的现金流量表。什么是现金流量表？它有什么用途？利润和现金谁更重要？为什么企业会出现有利润没有现金的情况？企业有了经营活动现金流应该怎么用？这就是本章要解决的主要问题。

一、认识现金流量表

认识现金流量表

- 关于现金流量表的几个概念：现金流量表、收付实现制、现金流量
- 现金流量表的作用
- 现金流量表的构成

1. 现金流量表的几大概念

首先，我们来了解几个重要的概念。

（1）现金流量表

现金流量表是以现金和现金等价物为基础编制的，反映企业在某一时期内现金流入和流出的情况。“现金”这个词大家都比较熟悉，这里的现金指的是广义概念上的现金，包括库存现金、随时可用于支付的银行存款，以及银行本票、银行汇票等其他货币资金。那么现金等价物又该如何理解呢？它一般是指三个月以内到期的、流动性强而风险小的短期投资，通常可以转化为可确定金额的现金。比如三个月内到期的债权投资。下文除非同时提到现金等价物，不然所说的现金均包含现金等价物。对于大部分中小企业来说，如果没有现金等价物，现金流量表的现金就是指资产负债表里的货币资金。

现金流量表反映的是企业在一定时期内现金流入和流出的情况，这个“时期”可以是一个月、一个季度、半年，也可以是一年，前三种“时期”出现在中期报表里，最后一种则出现在年度报表中。在年度报表中，我们能看到两个时期的现金流量，一个是“本期金额”，反映本年度的现金流量；一个是“上期金额”，反映上年度的现金流量。通过这两者的比较，企业可以分析现金流量的变化情况。

（2）收付实现制

与利润表不同，现金流量表是根据收付实现制而不是权责发生制编制的。权责发生制是说属于当期的收入和费用，不管相应的现金是否在当期收到或支付，都要在当期确认。收付实现制则根据是否真正收到或支付现金来确认现金的流入和流出，不管收到或支付的现金应该属于哪个时期。

这两者的差异造成了会计收入不等于收入项目对应的货币流入，以及会计费用不等于费用项目对应的货币流出的情况。比如赊销会导致会计收入先于收入对应的货币流入，预收货款会导致会计收入晚于收入项目对应的货币流入；赊购会使会计费用先于其货币流出，而预付货款又会产生会计费用晚于费用对应的货币流出的情况。

下面举个例子帮助大家理解这两种原则造成的差异。某企业 9 月份发生了下列 9 笔经济业务：

- 销售产品收到现款 120 元；
- 销售产品 100 元，A 购买单位交来现款 50 元，余款暂欠；
- 收到 A 购买单位前欠货款 200 元；
- 收到 B 购买单位预交货款 150 元；
- 收到 C 单位交来 9—12 月仓库租金 120 元；
- 本月已销售产品的生产成本 100 元；

• 本月交纳上月所欠办公电话费 100 元；

• 本月应交财产保险费 100 元，已交 50 元，余款暂欠；

• 支付管理部门 10—12 月报纸订阅费 90 元。

那么该企业 9 月份的收入、费用、现金流入、现金流出的情况是怎样的呢？请看表 4-1。在此作一下简单解释：第 5 笔业务，由于 C 单位交的是 9—12 月的仓库租金，所以这笔收入需要在 4 个月里确认，每月应确认 120/4=30 元的租金收入；第 6 笔业务，由于产品是以实物形态销售的，所以不涉及现金流出；第 9 笔业务的订阅费需要在 3 个月内分摊，因而每月只确认 30 元的费用。

表 4-1　× × 企业现金流量表

编制单位：××企业　　　　××年9月　　　　单位：元/人民币

业务号	收入	现金流入	费用	现金流出
（1）	120	120		
（2）	100	50		
（3）	0	200		
（4）	0	150		
（5）	30	120		
（6）			100	0
（7）			0	100
（8）			100	50
（9）			30	90
合计	250	640	230	240

上表的最后一行合计数反映了收入与现金流入、费用与现金流出之间的差异，相信大家借此对收付实现制和权责发生制的区别有了更明确的认识。

（3）现金流量

现金流量分为现金流入量、现金流出量和现金净流量。现金流入量是指进入到企业里的现金量，现金流出量是从企业支付出去的现金量，现金净流量即现金流入量与现金流出量的差额，差额是正数表示流入量大于流出量，差额是负数则说明流入量小于流出量。

2. 现金流量表的作用

1998 年 1 月 1 日，我国财政部发布了《企业会计准则——现金流量表》，要求所有企业自 1998 年 1 月 1 日起对外编制现金流量表。这一举措对完善我国企业财务报表体系，帮助投资者和债权人了解企业财务状况、做出合理投资决策，以及加强政府监管，促进社会发展等都有重大意义。

具体而言，现金流量表能够帮助投资者、债权人分析企业过去的现金流量，评估企业未来产生现金流量的能力，评估企业偿还债务、支付股利及对外筹资的能力；便于报表使用者分析本期净利与经营活动现金流量之间出现差异的原因，评估报告期内与现金有关、无关的投资及筹资活动效果如何。

业内人士普遍认为，企业的现金流量比账面利润更重要，因为倘若现金周转不畅，即使账面利润再漂亮，企业的发展也会受到重大影响，严重的话，企业的生存也会受到威胁。所以，我们有必要认识并分析企业的现金流量表，以便能准确地了解企业利润的质量，评估企业对资金的管理能力，及时发现财务方面的问题，为企业后续的发展做出更好的决策。

3. 现金流量表的构成

现金流量表包括正表和补充资料两部分。其中正表反映企业三种活动的现金流入、流出情况，以及汇率变动对现金及现金等价物的影响，补充资料反映了将净利润调节为经营活动现金流量、不涉及现金收支的重大投资和筹资活动、现金及现金等价物净变动情况的信息。

企业的活动分为三种：经营活动、投资活动、筹资活动。其中，投资活动是指企业长期资产的购建和不包括在现金等价物范围内的投资及其处置活动，比如购建厂房、购买无形资产、处置机器设备等。筹资活动是指导致企业资本、债务规模和构成发生变化的活动，借入和归还长期借款、发行长期债券、发行股票、所有者增资、分红等都是筹资活动。经营活动是企业投资活动和筹资活动以外的所有交易和事项，工商企业销售和购买商品、提供和接受劳务、支付税费等活动都属于此类活动。

汇率变动对现金及现金等价物的影响，是指企业外币现金流量及境外子公司的现金流量折算成记账本位币时，由于采用不同于资产负债表日的汇率而形成的差异。很多中小企业并没有外币业务，因此也就不用考虑该项目的变化情况。

正表样例和补充资料样例见表 4-2 和表 4-3。

表 4-2　AB 股份有限公司的现金流量表

编制单位：AB股份有限公司　　2008年1-12月　　单位：元/人民币

	本期金额	上期金额
一、经营活动产生的现金流量		
销售商品、提供劳务收到的现金	20,039,355,638.42	17,029,533,344.52
收到的税费返还	406,525,250.06	438,141,316.13
收到的其他与经营活动有关的现金	332,068,937.16	262,542,413.66
经营活动现金流入小计	20,777,949,825.64	17,730,217,074.31
购买商品、接受劳务支出的现金	13,076,233,276.64	10,351,798,810.59
支付给职工以及为职工支付的现金	1,366,493,972.42	1,220,045,389.30

续表1

	本期金额	上期金额
支付的各项税费	2,147,486,818.64	1,411,937,912.62
支付的其他与经营活动有关的现金	2,388,918,587.15	1,932,240,200.62
经营活动现金流出小计	20,409,405,529.52	14,937,426,926.25
经营活动产生的现金流量净额	368,544,296.12	2,792,790,148.06
二、投资活动产生的现金流量		
收回投资所收到的现金		
取得投资收益所收到的现金	-	99,963.99
处置固定资产、无形资产和其他长期资产收回的现金净额	25,428,128.07	752,425.16
处置子公司及其他营业单位收到的现金净额	-	-
收到其他与投资活动有关的现金	68,080,046.16	33,058,562.22
投资活动现金流入小计	93,508,174.23	33,910,951.37

续表2

	本期金额	上期金额
购建固定资产、无形资产和其他长期资产所支付的现金	1,021,766,203.49	963,906,546.42
投资所支付的现金.	2,143,468.75	59,440,984.82
取得子公司及其他营业单位支付的现金净额	429,981.21	119,877,673.63
支付其他与投资活动有关的现金	11,510,473.48	26,826,448.81
投资活动现金流出小计	1,035,850,126.93	1,170,051,653.68
投资活动产生的现金流量净额	(-942,341,952.70)	(1,136,140,702.31)
三、筹资活动产生的现金流量		
吸收投资收到的现金	500,000.00	1,136,663,152.00
其中：子公司吸收少数股东投资收到的现金	500,000.00	-
取得借款收到的现金	379,282,532.97	-
收到其他与筹资活动有关的现金	2,010.00	
筹资活动现金流入小计	379,784,542.97	1,136,663,152.00

续表3

	本期金额	上期金额
偿还债务支付的现金	371, 550, 774. 34	51, 000, 000. 00
分配股利、利润或偿付利息所支付的现金	303, 459, 764. 69	15, 849, 130. 68
其中：子公司支付给少数股东的股利、利润	–	–
支付其他与筹资活动有关的现金	1, 047, 552. 73	29, 520. 00
筹资活动现金流出小计	676, 058, 091. 76	66, 878, 650. 68
筹资活动产生的现金流量净额	（-296, 273, 548. 79）	1, 069, 784, 501. 32
四、汇率变动对现金及现金等价物的影响	（22, 339, 804. 22）	（108, 967. 10）
五、现金及现金等价物净增加额	（892, 411, 009. 59）	2, 726, 324, 979. 97
加：期初现金及现金等价物余额	4, 074, 807, 197. 85	1, 348, 482, 217. 88
六、年末现金及现金等价物余额	3, 182, 396, 188. 26	4, 074, 807, 197. 85

表 4-3　AB 股份有限公司现金流量表补充资料

编制单位：AB股份有限公司　　2008年1-12月　　单位：元/人民币

	本年数	上年数
一、将净利润调节为经营活动现金流量		
净利润	2,128,075,052.66	1,287,239,813.39
资产减值准备	2,730,264.89	9,602,163.43
固定资产折旧、油气资产折耗、生产性生物资产折旧	325,686,861.95	265,168,023.45
无形资产摊销	10,396,261.43	9,019,451.32
长期待摊费用摊销	8,888,989.13	8,264,159.13
处置固定资产无形资产和其他长期资产的损失	1,157,200.66	5,141,313.14
（收益以“-”号填列）		
固定资产报废损失（收益以“-”号填列）	371,997.32	346,145.48
公允价值变动损失（收益以“-”号填列）		-
财务费用（收益以“-”号填列）	65,198,513.25	1,685,256.75
投资损失（收益以“-”号填列）	-9,417,421.67	938,459.58
递延所得税资产减少（增加以“-”填列）	-427,382,560.01	-307,975,966.38
递延所得税负债增加（减少以“-”填列）	998,952.61	2,640,581.02

续表

	本年数	上年数
存货的减少（增加以“-”填列）	2, 350, 254, 099. 00	-1, 649, 988, 433. 99
经营性应收项目的减少（增加以“-”填列）	-6, 323, 956, 013. 33	-2, 621, 028, 615. 43
经营性应付项目的增加（减少以“-”填列）	2, 613, 957, 660. 28	5, 829, 655, 827. 33
其他	-378, 415, 562. 05	-47, 918, 030. 16
经营活动产生的现金流量净额	368, 544, 296. 12	2, 792, 790, 148. 06
二、不涉及现金收支的重大投资和筹资活动		
债务转为资本	0. 00	
1年内到期的可转换债券	0. 00	
融资租入固定资产	0. 00	
三、现金及现金等价物净变动情况		
现金的期末余额		
	3, 182, 396, 188. 26.	4, 074, 807, 197. 85
减:现金的期初余额	4, 074, 807, 197. 85	1, 348, 482, 217. 88
加:现金等价物的期末余额		
减:现金等价物的期初余额		
现金及现金等价物净增加额	-892, 411, 009. 59	2, 726, 324, 979. 97

二、现金流量活动的三大主“战场”

三种活动的现金流量分析

- 经营活动现金流量
- 投资活动现金流量
- 筹资活动现金流量

1. 经营活动现金流量

经营活动是企业最经常进行的活动，经营活动现金流量净额的大小反映了企业经营活动持续能力的好坏，一般来说是越大越好。

企业可能获得了一定的利润，但是利润的质量如何呢？或者说利润是不是收到了相应的现金流？一个简单的判断标准如下：

企业经营活动现金净流量≈净利润＋折旧＋财务费用

如果经营活动现金净流量大于或者等于净利润＋折旧＋财务

费用，就说明利润的质量高，获得了相应的现金流；如果经营活动现金净流量小于净利润+折旧+财务费用，则说明利润的质量存在一定的问题；如果经营活动的现金净流量小于净利润，那说明利润质量较差；而对于有的企业来说，如果净利润为正，而经营活动现金净流量为负，则说明该企业的资金运转可能存在问题，甚至可以怀疑该企业利润的真实性。

归纳起来，经营活动的现金净流量可能有以下五种情况：

第一，经营活动现金净流量小于零，说明企业现有的货币无法维持经营活动，需要通过其他活动进行补偿。

第二，经营活动现金净流量等于零，说明企业现有的货币恰好能维持当前规模的经营活动，但没有剩余的资金购建新的固定资产和无形资产，企业的再生产能力受到影响。

第三，经营活动现金净流量大于零，但小于应计和摊销性费用，说明企业现有的货币恰好能维持当前规模的经营活动，并且只能部分补偿应计和摊销性费用。这里的应计和摊销性费用主要是指固定资产的折旧和无形资产的摊销。

第四，经营活动现金净流量大于零，且等于应计和摊销性费用时，可全部补偿应计和摊销性费用，但不能为扩大再生产提供货币，企业只能在当前的规模下经营。

第五，经营活动现金净流量大于零，且大于应计和摊销性费用，说明企业不仅能进行正常的经营活动、补偿应计和摊销性费用，还能为企业扩大再生产提供部分资金。这种状况最为理想，但是要达到这种状态，企业就得多花些心思了。

经营活动是企业最基本的活动，其现金流量净额也是企业所需现金最基本的来源。所以，企业必须重视对经营活动现金流的管理，要通过多种途径和方法，保证经营活动中的现金充足、持续。

2. 投资活动现金流量

投资活动是企业长期资产的购建和不包括在现金等价物范围内的投资及其处置活动。投资活动包括购建长期资产和其他投资活动，比如购买专利技术、土地使用权、长期股权投资，买卖交易性金融资产、债券，处置废旧的固定资产，处置下属公司等。

企业进行投资活动有多方面的目的：为了保证后期再生产和扩大生产规模，需要购进新的生产设备、厂房和仓库；为了提高生产效率和开发新产品，需要开展研发活动或是购进专利技术；为了提高资金利用率，获得更多收益，企业将手中的剩余资金投资于股市或购买债券；在有些情况下，企业为了降低生产成本，扩大市场份额，减少同行业竞争，还会从战略角度出发，投资一些上游企业，或收购同行业企业，等等。

投资活动表现形式多样，那么其现金流量会呈现什么样的特点呢？一般来说，企业对内的投资活动中，现金流量会先流出，这部分现金流应由经营活动予以补偿，补偿的速度取决于折旧速度，补偿时间一般会滞后。

举例来说，企业为进行日常生产需要购建新厂房，那么现金流自然会在实际生产获利之前流出。在之后的生产过程中，厂房作为固定资产，一定会计提折旧，而这部分折旧最终将以成本的形式进入企业生产产品的成本之中，也就是说构建厂房的资金流出在后期生产中会由经营活动予以补偿。

厂房计提折旧的速度越快，得到补偿的速度就越快。比如，对于同一栋厂房，如果折旧年限为 20 年，就相当于流出的资金在 20 年内得到补偿；如果折旧速度慢一些，比如折旧年限为 25 年，那么流出的资金需要 25 年才能得到补偿，补偿的速度自然也会慢一些。

投资活动现金净流量为负数，一般表明企业处在扩张阶段，由于投资在先，收益在后，现金流出大于现金流入，所以会出现净流量为负数的情况。反之，如果投资活动现金净流量为正数，一般表明企业收缩或扩张的速度放缓，而之前的投资已经产生收益。所以，从投资活动现金流量的正负上，我们大概能够判断出一家企业目前发展的趋势是收缩还是扩张。

在对内投资需求得到满足之后，企业如果还有闲置资金，就可以考虑对外投资。

3. 筹资活动现金流量

企业在什么情况下需要筹集资金？可以按照下面四个步骤来进行判断。

第一，企业需要分析自己的经营活动产生的现金净流量是否为正数。如果为正，表明企业通过经营活动可以创造现金流。如果为负，企业就应当筹集资金以维持正常的经营活动。

第二，如果经营活动现金净流量为正，且能够补偿流动资产与流动负债之间的缺口（净营运资本），即：

经营活动现金净流量 + 流动资产 − 流动负债 >0

那么，企业的经营活动产生的现金流能够满足日常经营所需，不需要为经营活动筹集资金。否则，需要筹集短期资金来弥补日常缺口。

第三，如果第二步的结果为正数，则继续扣除因偿还债务、分配利润而流出的现金。若结果为负，表明企业需要筹集资金偿还债务及分配利润。

第四，若第三步的结果仍为正数，再扣除投资活动现金净流量。若结果为正，说明企业不需要筹资；反之，企业则需要为投资活动筹集资金。

上述步骤可以用下面的流程图表示，具体见图 4-1。

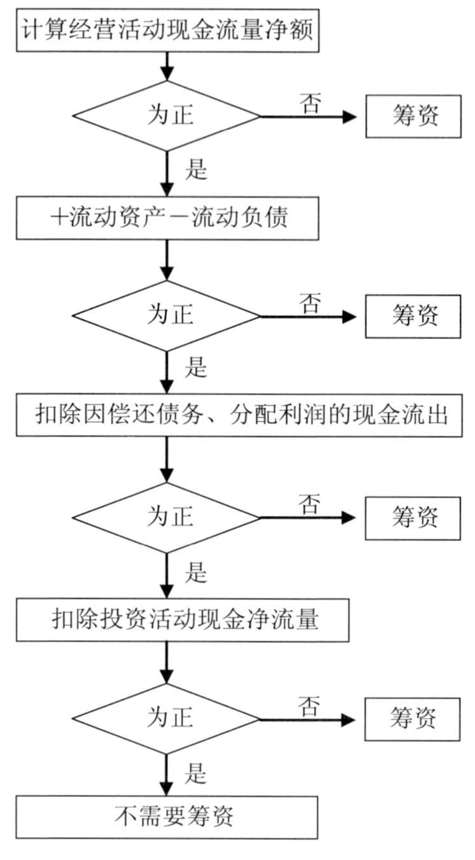

图 4-1　筹资活动流程

当然，在现实生活中，企业还会考虑和银行建立良好的合作关系，因此即使在不需要筹资的情况下也可能从银行贷款。

总结一下：对处于成长期的企业而言，经营活动现金流量净额应是正数，而且越大越好；投资活动现金流量净额可以为负，表明企业处于投资成长阶段，如果为正，那么企业可能在缩减规模或者处于战略调整阶段；筹资活动现金流量净额的正负取决于经营活动产生的现金流量是否能够满足经营活动和投资活动的需求，如果不能满足，企业就需要采取措施，从资本市场上筹集所需的资金。

在企业三类活动现金流中，最富有弹性的是投资活动的现金流入和流出。如果经营活动现金流量净额充足，或者企业有能力筹集到足够的资金，投资活动就可以正常进行；如果经营活动现金流量净额不足，筹资活动又出现困难，投资计划自然最先被搁浅；资金严重缺乏时，企业甚至需要低价变卖长期资产来偿还债务。

三、手里有钱最保险——现金流比利润重要

资不抵债不一定导致企业破产，无法偿还到期债务却很有可能使企业面临清算。真正能够用于偿还债务的是现金流量，而不是利润。只要稍微翻阅一下企业的财务报表，就不难发现大多数情况下净利润和经营活动现金流量净额是不相等的。也就是说，并非企业净利润越多，现金流量就越多。

我们看到，经营活动的现金流主要由于购销商品、提供或接受劳务、支付职工薪酬和各种税费而产生，经营活动产生的现金流量净额大体上等于销售收入减去销售成本、各种税费及计入存货中的成本。

从金额的重要程度来看，净利润大体上等于营业收入减去营业成本、期间费用和多种税费，对于一般的中小企业来说，资产减值损失、投资收益、营业外收支所占的比重不应该很大，这里就不必再考虑了。我们知道，营业收入中含有部分应收款项，营业成本中有部分应付款项和折旧、摊销，而管理费用、销售费用中包含了大量的固定资产折旧和无形资产摊销，这些折旧和摊销是非付现项目，并不以现金的形式支付。由此，我们不难推测，对于中小企业来说，如果没有投资收益、营业外收支和资产减值损失，则有：

净利润＋应付款项的增加＋各种折旧、摊销＋财务费用＋存货的减少＋应收款项的减少≈经营活动产生的现金流量净额

也就是说，在现金流量表补充资料中，将净利润调节为经营活动现金流量的调整项目应当以各种折旧、摊销、财务费用、应收应付项目及存货变化额为主体，其他调整项目的金额不应太大，如果金额太大，则需要分析具体原因。

下面，我们通过资料来看一下AB股份有限公司2007年和2008年的净利润与经营活动现金净流量之间的调整关系。

AB股份有限公司现金流量表显示2007年经营活动产生的现金流量净额为27.93亿元，净利润+应付款项的增加+各种折旧、摊销+财务费用+存货的减少+应收款项的减少=31.30亿元，二者相差3.37亿元，占经营活动产生的现金流量净额的10.77%，差异并不大，基本上符合上面的规律。

2008 年经营活动产生的现金流量净额为 3.69 亿元。净利润 + 应付款项的增加 + 各种折旧、摊销 + 财务费用 + 存货的减少 + 应收款项的减少 =11.78 亿元，比经营活动现金流量净额多 8.09 亿元。通过进一步比较可以发现，这种差异主要是由递延所得税资产增加了 4.27 亿元，其他项目多了 3.78 亿元造成的，两者合计 8.05 亿元，与 8.09 亿元相近。继续分析，我们可以发现 2008 年递延所得税资产比 2007 年增长了 80.24%，其原因是其他流动负债项目比上 1 年增加了 4.31 亿元。因此，我们就需要具体分析流动负债项目增加的原因，以及由此而造成的后果。

如果企业经营状况比较稳定，应收应付项目和存货变化不大，那么：

净利润 + 各种折旧、摊销 + 财务费用≈经营活动产生的现金流量净额

进一步来讲，如果企业的资产状况和经营状况都很好，借款也很少，那么财务费用就会很少，进而有：

净利润 + 各种折旧≈经营活动产生的现金流量净额

从净利润与经营活动产生的现金流量净额进行比较的过程中，我们看到了净利润与现金流量净额之间的差异。不是说净利润越大，现金流量净额就越大。因此，我们在关注企业净利润的同时，一定不能忽视净利润的质量，要保证企业拥有充足的现金流。

四、企业赚钱了，为什么没钱花

为什么有些企业销售收入很多且净利润不菲，却还是靠借钱度日？企业有钱赚没钱花的原因在哪里？在上一节中，我们了解到净利润与经营活动现金流量净额之间是存在差异的。正是这些差异造成了企业有钱赚没钱花的局面。在本节中，我们就来具体分析这些差异是怎么形成的。

1. 非付现费用——折旧与摊销、资产减值

非付现费用是不需要支付现金的费用，它主要是由权责发生制和收付实现制两种原则之间的差异形成的。非付现费用主要是固定资产的折旧和无形资产的摊销，确认资产减值损失也会形成非付现费用。

购进的固定资产在进行账面确认时，企业一般都已经以现金的形式支付了购进的成本，现金流等已在购进当期流出。之后，固定资产以资产的形式存在于企业的资产负债表中，并在以后的经营期中按照规定的年限和折旧方法来计提折旧。虽然固定资产的折旧会增加某些资产的成本或导致计提折旧当期的费用，但是该过程中不会有现金流出。

比如，企业用1000万元的银行存款购进一幢办公楼，分20年计提折旧，没有残值，那么每年应该计提50万元的折旧，这些折旧费用最终都以管理费用的形式进入到利润表中。如果企业每年还发生管理费用30万元，均以现金支付，那么这80万元的管理费用中只有30万元的现金流出而已，由固定资产的折旧形成的非付现费用就是50万元。无形资产的摊销也是这样，为形成无形资产而需要的现金在确认无形资产之前已经流出，后期摊销时不需要有现金流出，只确认因摊销而增加的成本或费用即可。

在介绍利润表的费用项目时，我们认识了资产减值损失这一项。资产发生减值时，企业并没有实际的现金流出，我们要做的只是减少资产的账面价值而已，所以资产的减值也会形成非付现费用。

2. 不属于经营活动的损益

不属于经营活动的损益主要有以下三种：营业外收支、财务费用、投资收益。营业外收支是企业非日常活动中发生的偶然性的利得和损失；财务费用中的大部分用于支付银行的贷款利息，因而属于筹资活动产生的费用；投资收益则是由企业的投资活动形成。它们都不是经营活动形成的损益，因而会造成净利润与经营活动现金净流量之间的差异。

3. 经营性应收、应付项目和存货的变化

（1）经营性应收、应付项目的变化

应收款项、应付款项和存货是企业经营活动中必然会涉及的项目，也是流动资产和流动负债的主要组成部分。应收款项一般是由于销售商品或提供劳务之后没有立即收回款项形成的。应付款项主要由赊购而产生。它们的变化情况会引起经营活动现金流与净利润之间的差异。

举个例子，有一家商品流通企业，1—4 月的经营状况都一样：每个月购进商品的成本是 80 万元，当月即卖出，销售收入 100 万元。这 4 个月仅在商品购销时采用的支付手段不同。具体情况如表 4-4 所示。

表 4-4　商品流通

编制单位：××　　　　商品流通企业××年　　　　单位：万元/人民币

月份	购进商品	应付账款	应付账款增加额	现金流出	销售商品	应收账款	应收账款增加额	现金流入	现金净流入
1	现购	0	-	80	赊销	100	-	0	-80
2	赊购	80	80	0	赊销	100	0	0	0
3	现购	0	-80	80	赊销	0	-100	100	20
4	赊购	80	80	0	赊销	0	0	100	100

上表的数据表明，企业应付账款的增加和应收账款的减少会使企业经营活动现金净流入增加。在毛利一定的情况下，应收、应付项目的大幅度变化可能会导致经营活动现金流量净额远远偏离毛利。比如 4 月的应付账款比 3 月增加了 80 万元，应收账款不变，现金净流入 4 月就比 3 月增加了 80 万元，是毛利的 5 倍。

尽管毛利都是 20 万元，但是企业每个月可以利用的现金数额是不同的。1 月，企业虽然有毛利，但却不得不从别处借用资金来维持日常的经营，日子过得很是艰难。2 月，现金净流入为 0，企业虽然能够勉强维持经营活动，但仍需要从其他途径筹集资金以更新固定资产，要想扩大再生产就很吃力了。3 月还不错，收入和现金净流入相等，企业不占供应商的便宜，也不许客户占自己的便宜，老老实实地赚着钱，大有“各凭真本事吃饭”的意思，但是从企业自身的角度来看，经营状况还有扩展的空间。4 月的情况最好了，拿着供应商的货，收了客户的钱，赚到钱才肯付款，所谓“借别人的鸡，下自己的蛋”，颇有点“空手套白狼”的意味。

对于企业而言，现金转换涉及两个周期：一个是供应商允许企业赊购商品或原材料的平均天数，一个是企业拿到原材料或商品、加工完毕之后销售出去并收回款项的平均天数。后者减去前者便是现金转换周期。不难看出，现金转换周期越短，企业加工、销售、收款的时间越短，供应商允许的赊购天数越长，企业需要为经营活动支付的现金越少。当现金转换周期为0时，企业基本上不用为经营活动需要的现金流发愁。当现金转换周期为负数时，企业甚至可以拿着销售货款适当地投资一把，赚一笔钱，然后再向供应商支付欠款。

现金转换周期的公式如下：

现金转换周期 =(应收账款平均周转天数 + 存货平均周转天数)−应付账款平均周转天数

某企业投入100万元购买原材料，但是原材料款将在60天后支付（应付账款周转天数），然后投入生产，直到产成品出库销售，生产周期为30天（存货周转天数）。这样赊销后，形成应收账款，货款在15天后收到（应收账款周转天数），现金转换周期就是−15天。单纯地来理解，就是企业不用垫支一分钱的流动资金，就可以获得利润，而且还可以无息使用上游供应商的100万元的资金15天。在这15天里，还可以将这100万元拿去投资短期项目，真可谓是资金运用的最高境界了。

说到这里，我们就来看一个“空手套白狼”的典型——戴尔公司（DELL）。我们从现金转换周期的角度来分析戴尔“空手套白狼”的能力。

戴尔公司2006财年公布的现金转换周期为-37天。这意味着，戴尔公司不仅不需要自筹流动资金，而且还可以自由支配大量的现金37天！

戴尔公司的金融子公司DELL Finance负责这项投资。该公司对这项投资非常谨慎，将它投资于最高信用等级的金融机构。因为从理论上说，在产品尚未交付给客户时，这笔钱的所有权还属于用户。具体见表4-5。

表4-5　现金转换周期

单位：天

项目	2002年	2003年	2004年	2005年	2006年
应收账款周转天数	29	28	31	32	29
存货平均周转天数	4	3	3	4	4

续表

项目	2002年	2003年	2004年	2005年	2006年
应付账款周转天数	69	68	70	73	77
现金转换周期（天数）	-36	-37	-36	-37	-36

（2）存货的变化

下面，我们回过头来说存货变化导致的净利润与经营活动现金流之间的差异。存货的成本主要由原材料、工人工资、制造费用构成。这里的制造费用是企业为归集因生产产品和提供劳务而发生的各项间接成本而设置的账户，企业最终需要根据制造费用的性质，选择合适的分配方法将制造费用分配到各个产品中去。经营活动现金流出主要是“购买商品、接受劳务支出的现金”和“支付给职工，以及为职工支付的现金”。

如果企业当期突然大幅度地扩大了生产，那么购买原材料及支付工人工资的资金流出就会突然增加，经营活动现金流出自然也会大幅增加。所以存货的增加会使经营活动现金净流量减少。如果这部分增加的存货当期没有销售出去，即没有变成利润表中的营业成本项目，那么，在不考虑其他项目的前提下，净利润与经营活动现金净流量之间的差异就会被扩大。

通常，在宏观经济环境稳定的情况下，对处于成熟期的企业来说，企业的信用政策已经稳定，在当前的经营规模下，赊销和赊购金额的变化不会很明显。由于其生产也基本稳定，因此存货金额变化也不大，所以，经营性应收、应付项目及存货的变化，不会引起净利润与经营活动现金流量净额之间的过大差异。而对于那些处于成长期或衰退期的企业来说，由于应收、应付项目和存货变化幅度较大，由此引起的净利润与现金流之间的差异就不可忽视了。

本小节里，我们分析了经营活动现金净流量与净利润之间存在差异的主要因素，为了避免企业出现有钱赚没钱花的情况，企业可以从上述三个方面着手，找出企业中尚可完善的方面，提高资金利用率，让企业既有钱赚，又有钱花，日子过得舒舒服服。

五、企业有钱、没钱的日子都该怎么过

1. 有钱了，干什么

企业的经营活动现金净流量有正有负，在净流量为正的情况下，企业有充足的现金可以利用，这时候，企业应该做些什么呢?

首先，要偿还利息。对于有借款的企业来说，保证按时还本付息是非常重要的，无法偿还到期的债务比资不抵债更有可能导致企业走向破产。尤其是高负债的企业，在享受财务杠杆带来利益的同时，还

要关注是否有足够的能力偿还债务。如果企业资金周转困难，偿债能力出现问题，就有可能陷入财务困境，影响融资渠道的通畅。

其次，可以进行一些投资活动。偿付到期债务之后，如果还有剩余现金，企业可以用来弥补固定资产的折旧及无形资产的摊销，即进行一些投资活动。比如视需要购进新的生产设备以保证后续的再生产能够持续进行。在此基础上，企业可以考虑是否扩大规模，提高自身的竞争力。

知识链接

在经济学里有一个名词叫规模经济，就是说企业的规模很小时，由于固定成本太大等因素，生产资料的能力没有得到充分利用，因而使得生产成本居高不下，进而削弱企业的竞争力。随着生产规模的扩大，企业的产能得到充分利用，单位生产成本就会下降，企业会从规模的扩大中得到一定的好处。如果企业规模已经很大了，就不需要扩大再生产，或者说扩大再生产之后还有现金剩余，就应该考虑向所有者分配利润了。

2. 钱不够用，怎么办

有的企业经营状况很好，资金管理很到位，账面有利润，手头有现金。但是有些企业的经营状况就比较不如意了，经营活动产生的现金流不够用，只好拆东墙补西墙，或是对外举债，勉强度日。企业的现金不够用怎么办？有哪些途径来补充资金？下面，我就为大家介绍四种比较实用的方法。

（1）两头通吃

所谓两头通吃是指增加企业对上下游的谈判能力，减少当期现金流出，增加当期现金流入，为企业运营提供更多的资金。

具体而言，对于上游供应商，应当尽量延长赊购期限和赊购金额，减小当期经营活动现金流出的规模，延迟经营活动现金流出的时间，用省下来的资金弥补当期的资金缺口。对于下游客户，应该适当收紧信用政策，提高现销的比例，或者通过现金折扣的方式促进货款早日回笼。企业还可以成立专门的收款部门，及时催回货款，减少坏账损失的比例。另外，如果企业的产品在市场上的销路很好，而且知名度也很高，那么，销售人员也可以说服客户预付款项，这样企业就可以提前将资金拿到手。前面提到的戴尔公司现金转换周期的案例就很好地反映了两头通吃的方法。

不过，这种方法也会带来一些问题，比如针对客户收紧信用政策，可能会流失部分客户。所以，企业需要权衡利弊，做出最有利的决策。

（2）商业汇票贴现和背书转让

商业汇票是指由付款人或收款人（或承兑申请人）签发，由承兑人承兑，并于到期日向收款人或被背书人支付款项的一种票据。所谓承兑，通俗地讲，就是付款人承诺到期无条件支付汇票金额的行为。按承兑人的不同，商业汇票可以分为商业承兑汇票和银行承兑汇票两种。商业承兑汇票是由付款人承兑的汇票，银行承兑汇票是承兑申请人向开户银行申请，银行经审查并同意承兑的汇票。

商业汇票贴现一般适用于具有短期融资需求的企业。基本的过程是：企业将持有的未到期的商业汇票背书转让给票据营业部，票据营业部在扣除贴现利息后向企业提前支付票款。通过这种方法，企业能将手中的票据转化为现金，从而提高资产的流动性、减少应收账款的规模。与此同时，商业汇票贴现还能降低企业的融资成本，减少财务费用。

除了贴现之外，商业汇票也可以进行背书转让。所谓背书，是指企业在转让持有的票据时，在票据背面签名或书写文句的手续。企业作为背书人对背书转让的票据负有担保票据签发者到期付款的责任，如果出票人到期不付款，则背书人必须承担偿付款项的责任。经过背书，票据的所有权由背书人转给被背书人。如果出票人的信用非常好，企业就能够通过背书将票据转让给上游供应商，转让的票据就相当于企业向供应商支付的货款。在这种情况下，企业不用去银行贴现，也不用筹集资金就能解决原材料或商品采购的资金问题。

（3）债权保理

债权保理，简单来说就是企业以优惠的价格将自己的一部分债权卖给保理商，从保理商处获得资金，比如应收账款保理。供货商赊销形成的应收账款是对购货方的一项债权。在满足一定条件的情况下，企业作为供货商可以将未到期的应收账款转让给商业银行（即保理商），以从银行获得流动资金，加快企业资金周转。从不同的角度可以对保理进行不同的分类：有追索权保理（非买断型）和无追索权保理（买断型）、明保理和暗保理、折扣保理和到期保理。

有追索权保理是指企业供货商将应收账款的债权以一定的价格转让给保理商，并从保理商处获得资金。如果购货方拒绝付款或是无力偿付，保理商有权要求供货商偿付之前预付的款项。无追索权保理即保理商独自承担购货方不付款的风险，无论购货方是否付款，保理商都不能再向供货商追索款项。考虑到风险因素，银行一般会为客户提供有追索权保理。

明保理是指供货商在将债权转让给银行（保理商）时，立即通知购货商保理情况，并指示购货商直接将款项付给银行。在暗保理情况下，供货商不告知购货商保理情况，债权到期后由供货商自己出面催讨债款并支付给保理商。目前国内银行的保理业务都是明保理。

折扣保理是指当出口商将代表应收账款的票据交给保理商时，保理商立即向出口商提供不超过应收账款 80% 的预付款，待保理商向债务人（进口商）收取全部货款后，再对剩余 20% 的应收账款进行清算。到期保理，是指保理商在出口商提交的代表应收账款的销售发票等单据到期后才向出口商支付货款的保理方式。无论到期后能否收到货款，保理商都必须支付货款。相比而言，折扣保理是更保守的保理方式。

（4）精打细算，内外筹资

这个不难理解，企业的融资渠道包括留存收益、债务融资和股权融资，常见的方式为从银行贷款、发行债券，或者所有者投入。这里要说明的是，不同的融资方式成本是不同的，因此企业在筹资时需要精打细算，考虑成本，尽量用最低的成本来进行筹资活动。

需要注意的是，虽然企业有多种途径补偿经营活动现金流缺口，但是不提倡采用下列方法：裁员、出售生产用固定资产等。这些都是危险的举措，不仅会打击员工的士气、降低员工的生产积极性，还会对企业的再生产能力造成不良影响。最好的方法是做好现金流的预算和管理工作，不要亡羊之时才想起补牢。

本章中，我们进一步认识了现金流量表，知道了它有什么作用，也明白了为什么企业有利润却不一定有钱花。企业的三种活动现金流量的特点各不相同，不同特点代表的意义也不一样。为了过好日子，企业必须重视对现金的预算管理，避免陷入资金链断裂的困境。万一出现资金短缺的情况，企业需要通过多种途径及时补充资金，保证企业正常地运营与发展。

第五章

守好家产——股东权益变动表

一家企业要经营下去，就要拥有资产，那么资产从哪里来呢？要么从银行贷款，要么借助股东投资。企业募集资金和使用资金是要付出代价的，这个代价就是企业的资本成本，也叫资金成本。

股东把钱投到企业里来，当然有要求的报酬率，这要求的报酬率就是企业应该支付的资本成本。

一、股东权益哪里来

股东权益分为四类

- 实收资本
- 资本公积
- 盈余公积
- 未分配利润

一家企业要经营下去，就要拥有资产，那么资产从哪里来呢？要么从银行贷款，要么借助股东投资。企业募集资金和使用资金是要付出代价的，这个代价就是企业的资本成本，也叫资金成本。筹集资金要付出代价，比如说发行股票要有发行费用；使用资金付出的代价，对于债权人来说就是利息，对于股权融资来说就是支付的股利。因此，债权人和股东都有他们可以主张的权利，这种权利在会计上就叫权益。

股东把钱投到企业里来，当然有要求的报酬率，这要求的报酬率就是企业应该支付的资本成本。比如说你去投资一家企业，或者买股票也是一样，你有一个要求的报酬率，这个要求的报酬率是多少呢？用资本成本定价模型（CAPM）可以计算，要求的报酬率跟承担的风险有关。

企业里的所有资产，除了负债之外，都是股东的，这部分在会计上就叫股东权益。股东权益，也叫所有者权益，会计上的解释一般就是资产与负债的差额。本书第二章中已提到，股东权益来源于两个部分：一个是股东投入的资本，另一个是企业经营过程中形成的留存收益。股东权益分为四类：实收资本、资本公积、盈余公积、未分配利润。实收资本和资本公积被看成是股东投入的钱，盈余公积和未分配利润是所得利润没有分配的那部分。

1. 实收资本

第二章我们介绍过，在我国，实收资本（或股本）同注册资本在数额上是相等的。比如说某企业注册资本是5000万元，这就是这家企业的实收资本（或股本）。对于有限责任公司，我们称其为实收资本；对于股份有限公司，我们称其为股本。股本反映了股票的面值。我国的股票是有面值的，基本都是1元1股，也有个别情况，如紫金矿业是 0.10 元 1 股。

在企业的发展过程中，实收资本（或股本）是可以变化的。比如企业引入新的投资者时，或用资本公积转增股本时，实收资本（或股本）会增加；企业回购股票，或因资本过剩而决定发还股款，或因发生重大亏损而决定缩小企业规模时，实收资本（或股本）就会减少。

2. 资本公积

资本公积是投资者或者他人投入到企业、所有权归属于投资者并且在金额上超过法定资本部分的资本或资产。资本公积并不是由企业的利润形成的，与企业收益无关。股东投资进来的钱并不一定全部反映为会计上的实收资本或股本，因为有一部分按规定需要计入资本公积。资本公积在一定情况下也可以转增为资本。下面我们通过一个例子来了解资本公积。

某企业今天发行股票，价格为 4 元 1 股，那么 1 元计入股本，3 元计入资本公积。过一段时间，再发行股票，发行价变成 5 元 1 股，那么还是 1 元计入股本，4 元计入资本公积。面值是计入股本的，股本就是起这么一个作用，买多少股就代表权利有多大，买得越多代表权利就越大。面值是 1

元，发行价越高，发行数量越多，募集的资金就越多。

再举个例子，A、B、C 三人各投资 100 万元成立一家企业，企业的注册资金为 300 万元。经营 1 年之后，企业赢利状况不错，且由于企业的发展壮大仍需要资金投入，这时 D 想加入该企业（D 是一家风险投资公司）。D 提出，他投资 100 万元，计入实收资本，这样 A、B、C、D 四个人各占 1/4 的股份。你觉得 A、B、C 三个人能同意这个方案吗？答案是，一般情况下他们是不会同意的。

正常的思路是：D 也许需要投资 500 万元，才能占到 1/4 的股份。这样，当企业收到 500 万元投资时，资产负债表左边的资产（D 用现金投资则是货币资金项目，用固定资产投资则是固定资产项目）增加了 500 万元，考虑复式记账法，则资产负债表右边的所有者权益中，实收资本增加 100 万元，还有 400 万元则计入资本公积。

这里需要注意的是：实收资本就是企业的注册资本，每个股东在实收资本中所占的比例就是他的股权比例，所以如果把 D 投资的 500 万元都计入实收资本，那么 D 的股权比例就远远高于 A、B、C 了。因此，500 万元中只有 100 万元计入实收资本，另外 400 万元计入资本公积，这就是资本公积账户的用途之一，即记录资本溢价或股本溢价的数额。

还有一点需要说明，到底D投入多少钱才能占1/4的股权，是500万元还是1000万元，关于这点，后面的内容会讲到。总之，如果有新的战略投资者加入，或者有人要收购你的企业，或者你的企业要发行股票，你首先需要知道你的企业“家底”有多少，然后才能进行正确的决策。

3. 盈余公积

盈余公积是企业留存的具有特定用途的利润。其包括法定盈余公积和任意盈余公积。法定盈余公积是根据法律规定必须提取的一部分利润，比例为10%，当法定盈余公积累计达到企业注册资本的50%以上时，可以不再提取。任意盈余公积是由企业自主决定提取的一部分利润，提取的比例可以由企业根据未来发展的需要来确定。

盈余公积的用途有三个：

一是用于弥补亏损。根据《企业会计制度》和有关法规的规定，企业发生亏损，可以用发生亏损后5年内实现的税前利润来弥补，当发生的亏损在5年内仍不足以弥补时，应使用随后所实现的所得税后利润弥补。通常，当企业发生的亏损用所得税后利润仍不足弥补的，可以用所提取的盈余公积来加以弥补，但是，用盈余公积弥补亏损应当由董事会提议，经股东大会或类似机构批准。

二是用于转增股本。用盈余公积转增股本时，要注意留存的盈余公积不得少于注册资本的25%。

三是用于发放现金股利和利润。在特殊情况下，当企业累积的盈余公积较多，而未分配利润比较少时，为了维护企业形象，给投资者以合理的回报，符合规定条件的企业也可以用盈余公积分派现金利润或股利。

4. 未分配利润

未分配利润与盈余公积的性质相同，是由企业生产经营活动取得的利润形成的，与投资者的投资行为无关。未分配利润是企业在完成利润分配后剩余的一部分利润，可以由企业任意支配使用，通常由企业留待以后年度向投资者进行分配。

二、股东守好家产，怎么守

股东权益是股东财富在账面上的反映，影响股东权益的项目很多，因此需要一张专门反映企业当期股东权益变动情况的财务会计报表，以便揭示企业股东权益总量、增减变动及其变动的原因，这就是股东权益变动表。

在股东权益变动表中，导致股东权益变动的项目主要包括净利润、所有者投入的增加和减少、利润分配，以及股东权益内部各项目间的结转等，这些项目以纵向列示；对应受到影响的项目，包括实收资本、资本公积、库存股、盈余公积及未分配利润，以横向列示。其次，将各项目的金额再分为"本年金额"和"上年金额"两栏分别列示。事实上，在很多企业，股东权益变动项目很少。下面是一家企业的股权变动表的编制案例。

某企业2009年发生的与股东权益相关的事项资料如下：

2009年的利润表中，企业实现净利润50万元，"利润分配"账户相关子目中反映的利润分配情况为：提取法定盈余公积5万元，应付现金股利20万元。

"资本公积"账户上，"资本溢价"子目中，因转增股本而减少2万元，因投资者投资入股增加100万元。"股本"账户中，因资本公积转增股本增加2万元，因投资者投资入股增加50万元。

此外，已知上年年末股东权益余额为1030万元，其中，实收资本为250万元，资本公积400万元，盈余公积180万元，未分配利润200万元。

2009年该企业的股东权益变动情况，如表5-1所示。

表 5-1 股东权益变动表

编制单位：××企业　　　　2009年　　　　单位：万元/人民币

项目	本年金额						上年金额（略）					
	实收资本（或股本）	资本公积	减：库存股	盈余公积	未分配利润	股东权益合计	实收资本（或股本）	资本公积	减：库存股	盈余公积	未分配利润	股东权益合计
一、上年年末余额	250	400	0	180	200	1030						
加：会计政策变更												
前期差错更正												
二、本年年初金额	250	400	0	180	200	1030						
三、本年增减变动金额（减少以“-”号填列）												
（一）净利润												
（二）其他综合收益					50	50						
上述（一）和（二）小计					50	50						
（三）所有者投入和减少资本	50	100				150						
1.所有者投入资本	50	100				150						

续表

项目	本年金额						上年金额（略）					
	实收资本（或股本）	资本公积	减：库存股	盈余公积	未分配利润	股东权益合计	实收资本（或股本）	资本公积	减：库存股	盈余公积	未分配利润	股东权益合计
2. 股份支付计入所有者权益的金额												
3. 其他												
（四）利润分配				5	-25	-20						
1. 提取盈余公积				5	-5	0						
2. 对所有者（或股东）的分配					-20	-20						
3. 其他												
（五）所有者权益内部结转	2	-2				0						
1. 资本公积转增资本（或股本）	2	-2				0						
2. 盈余公积转增资本（或股本）												
3. 盈余公积弥补亏损												
4. 其他												
四、本年年末余额	302	498	0	185	225	1210						

三、有人入股，原股东的利益有什么变动

投资入股，实质上就是所有者投入资本，包括形成的注册资本的部分和溢价的部分。在本章第一部分中，我们曾举了个例子进行说明，A、B、C 三个人各投资 100 万元成立一家公司，公司的注册资金为 300 万元，三人各占 1/3 的股份。经营 1 年之后，该公司赢利状况不错，且由于发展需要仍需资金投入，这时 D 想加入该公司（D 是一家风险投资公司）。在这里，我们假设三人经过协商，决定让 D 向企业投资 500 万元，A、B、C、D 四个人各占 1/4 的股份。这样，当企业收到 500 万元投资时，各报表有什么变化呢？

资产负债表左边的资产增加了 500 万元，右边的所有者权益中，实收资本增加了 100 万元，还有 400 万元则计入资本公积。此时，A、B、C、D 每个股东在实收资本中所占的比例都是 1/4，也就是说他们的股权比例都是 1/4。股东权益变动表会如何体现呢？很简单。在股东权益变动表纵向项目的第三类“本年增减变动金额”中的“所有者投入和减少资本”的第一项“所有者投入资本”，对应表内横向的“实收资本”和“资本公积”项目填列。其中，“实收资本”下列示 100 万元，“资本公积”下列示 400 万元，相应要调整

“股东权益合计”，以及最后一行的“本年年末余额”。

四、企业赚钱了，股东得到什么

企业赢利后，利润分配是有顺序的。首先，要弥补以前年度的亏损；其次，要进行利润分配。利润分配要先按照税后利润的10%计提法定盈余公积金，在计提法定盈余公积的基数时，不应包括企业年初未分配利润；然后，经股东会或者股东大会决议，还可以从税后利润中提取任意盈余公积金；最后，企业向投资者分配利润或股利。

对于一家上市企业来说，它的股利发放有两种形式：一种是现金，一种是股票。假如企业给股东发放现金3元，资产负债表会怎么变化？现金减少3元，资产减少3元，未分配利润减少3元。如果企业给股东送股，比如说1股送1股，资产负债表的资产没变，负债也没变，所有者权益当然也不会变。那么变的是什么呢？股数增加了，股本一定得增加，股本增加的同时未分配利润减少。1股送1股，实质上相当于用两张50元的人民币换了一张100元的人民币，意义不大。

假如现在企业的股价是10元，每一股给股东发5毛钱的股利，结果会怎么样呢？这时股票价格变成 9.5 元，因为每股净资产减少了，股价肯定要下跌。此外，投资者获得这 5 毛钱的股利，还得交所得税。这种分配方式对市净率有什么影响呢？这家企业股价是 10 元，假如股数为 100 股，那么股本就是 100 元，盈余公积和未分配利润是 150 元，那么每股净资产为 2.5 元，市净率是 4 倍。企业每股发 5 毛钱的股利后，资产减少 50 元，所有者权益减少 50 元。原来每股净资产是 2.5 元，股价是 10 元，市净率是 4 倍。现在每股发 5 毛钱的股利后，股价变成 9.5 元，每股净资产 2 元，市净率变成 4.75 倍了。看来，市净率提高了。

还有的企业会转增股本，转增股本和送股有什么区别？其实转增股本和送股对于股票投资者来说没有太大的区别，实质上都是拿两张 50 元的人民币换了一张 100 元的人民币。但是从会计角度来说是有区别的，送股的前提是有利润，企业有了利润才能送股。而转增股本不是必须要有这个条件，企业没有利润也可以转增股本。企业转增股本一般是从资本公积金中转增。如果一家企业上 1 年年末的股本是 4 亿多元，现在变成 8 亿多元，出现这种情况一般有两种原因：一种是企业增发股票，另外一种是企业送股和转增股本。

到这里为止，财务报表的四张主表已经给大家介绍完了，相信大家对财务报表已经有了初步的认识和理解。在接下来的一章里，让我们一起通过财务报表来分析企业的运转情况。

第六章
“鸟瞰”财务报表

通过分析企业的各种财务指标，了解企业的财务状况、经营成果和现金流量情况，我们能够发现企业经营中存在的一些问题，从而及时采取有效的措施来解决问题，使得企业朝着更健康的方向发展。

就像我们自然人通过定期的体检来了解自己的健康状况、及早发现疾病并治疗一样，我们分析企业的财务报表也是同样的道理。通过分析企业的各种财务指标，了解企业的财务状况、经营成果和现金流量情况，我们能够发现企业经营中存在的一些问题，从而及时采取有效的措施来解决问题，使得企业朝着更健康的方向发展。

一、财务报表的晴雨表——必看的财务指标

必须了解的财务指标

- 偿债能力
- 营运能力
- 赢利能力
- 成长性能力

在财务报表分析中，为解释财务报表有关项目之间的逻辑关

系，我们把财务报表中的一个或多个项目与其他项目进行对比，形成财务比率，其通常以百分比或倍数形式来进行表示。许多比率的比值已成为标准，被人们普遍用以评价企业财务状况和经营成果的好坏。下面就重点分析企业的偿债能力、营运能力、赢利能力、成长性能力这四个重要的财务指标。

1. 偿债能力

企业的偿债能力，是指企业用现有资产偿还到期债务的能力。由于债务按到期时间分为短期债务和长期债务，所以偿债能力也分为短期偿债能力和长期偿债能力。

（1）短期偿债能力

短期偿债能力就是企业以流动资产偿还流动负债的能力，它反映企业偿付日常到期债务的实力。企业能否及时偿付到期的流动负债，是反映企业财务状况好坏的重要标志。评价企业短期偿债能力的指标主要有流动比率和速动比率。

流动比率 = 流动资产 ÷ 流动负债（上调）

速动比率 = 速动资产 ÷ 流动负债 =（流动资产 － 存货）÷ 流动负债

流动比率反映企业运用流动资产偿还流动负债的能力。因为流动负债具有偿还期不确定的特点，而流动资产具有容易变现的特点，正好可以满足流动负债的偿还需要，所以流动比率是评估企业短期清偿能力最重要的指标。速动比率是在流动资产中减去存货后，与流动负债的比例。

一般来说，流动比率保持在2倍左右、速动比率保持在1倍左右是比较合适的。当然，这只是经验数据，由于行业不同，发展阶段不同等因素，这些数据会有很大的差别。目前企业的流动比率呈现出降低的趋势，1.6倍左右的流动比率比较常见。值得注意的是，如果这两个比率过低，那么意味着企业的短期支付能力不足，难以如期偿还债务；比率过高，则表明企业资金没有得到充分的利用，资金的使用效率不高。在本书第二章中我们详细介绍了流动比率和速动比率，在此就不再赘述了。

（2）长期偿债能力

长期偿债能力是指企业偿付到期长期债务的能力。企业的长期债务包括长期借款、应付长期债券等。长期偿债能力的强弱与企业短期内获取现金的能力并没有太大关系，因为企业目前获取现金的能力，与未来长期负债到期时获取现金的能力并无直接关系。

从理论上讲，企业长期偿债能力的强弱，与企业赢利能力的高低呈正相关。只有企业赢利状况一直良好，能从经营中获得足够的现金流，企业才能保证按期付息和到期还本。因此，企业的长期偿债能力是和企业的赢利能力密切相关的。评价企业长期偿债能力的指标主要有资产负债率、利息保障倍数等。

资产负债率 = 负债总额 ÷ 资产总额

利息保障倍数 = 息税前利润 ÷ 本期利息支出

资产负债率在第二章已经讲过，它反映的是企业全部资金来源中有多少来自举债，这是衡量企业财务风险的主要指标。这个比率为多少才合适，还没有确定的标准。通常认为，具有较低的资产负债率的企业财务风险较小，但并不是资产负债率越低越好，太低了，说明企业没有充分利用财务杠杆。

利息保障倍数反映了企业偿还利息的能力。如果企业一直保持按时付息的信誉，那么长期负债可以延续，企业举借新债也就比较容易。

2. 营运能力

营运能力又称作资产利用能力，是指通过企业生产经营资金周转速度的有关指标所反映出来的企业资金利用的效率，它能体现企业管理人员经营管理、运用资金的能力。企业生产经营资金周转的速度越快，表明企业资金利用的效果越好、效率越高，企业管理人员的经营能力越强。

评价企业营运能力的指标主要有存货周转率、应收账款周转率、流动资产周转率和总资产周转率。

（1）存货周转率

存货周转率 = 销售成本 ÷ 平均存货

存货周转天数 =360÷ 存货周转率

存货流动性一般可以用存货的周转速度指标来反映，即存货周转率或存货周转天数。存货周转天数并不是越低越好，存货过多会浪费资金，存货过少不能满足流转需要，可能会出现缺货的情况。

对于制造企业来说，存货的周转速度可以进一步细分为原材料周转天数、在产品周转天数和产成品周转天数。这样的细分可以加强企业对每个存货环节的物流库存管理，也能更好地对库存管理部门进行考核。具体计算公式如下：

原材料周转天数 =（原材料平均存货 ×360）÷ 全年原材料消耗总金额

在产品周转天数 =（在产品平均存货 ×360）÷ 全年总产值

产成品周转天数 =（产成品平均存货 ×360）÷ 全年销售成本

存货周转分析的目的是从各个环节上找出存货管理中的问题，使存货管理在保证生产经营连续性的同时，尽可能少地占用经营资金，提高资金的使用效率，促进企业物流管理水平的提高。

（2）应收账款周转率

应收账款周转率 = 销售收入 ÷ 平均应收账款

应收账款周转天数 =360÷ 应收账款周转率

应收账款周转率反映了企业应收账款的周转速度。应收账款周转天数，也称为应收账款收现期，表明从销售开始到回收现金平均需要的天数。应收账款是赊销引起的，如果赊销有可能比现销更有利，周转天数就不是越少越好了。应收账款的收回时间长短和企业的信用政策有关。企业如果改变信用政策，如放宽或缩短赊销期限，扩大或缩小信用额度等，通常都会引起应收账款周转天数的变化。

（3）流动资产周转率

流动资产周转率 = 销售收入 ÷ 平均流动资产

平均流动资产 =（年初流动资产 + 年末流动资产）÷2

流动资产周转天数表明流动资产周转一次需要的时间，也就是期末流动资产转换成现金平均需要的时间。通常，流动资产中应收账款和存货占绝大部分，因此它们的周转状况对流动资产的周转起着决定性的作用。

（4）总资产周转率

总资产周转率 = 销售收入 ÷ 平均资产总额

平均资产总额 =（年初资产总额 + 年末资产总额）÷ 2

总资产周转率粗略地计量了企业资产创造收入的能力，体现了企业经营期间全部资产从投入到产出的流转速度，反映了企业全部资产的管理质量和利用效率。

3. 赢利能力

赢利能力是指企业获取利润的能力。不论是投资人、债权人还是企业经营者，都特别关心企业的赢利能力。利润是投资者取得投资回报、债权人收取本息资金的来源，也是经营者经营业绩和管理效能的集中体现。因此，分析企业赢利能力是与企业利益相关的各方了解企业、认可企业、改进企业经营管理的重要手段之一。评价企业赢利能力的主要指标有销售利润率、总资产报酬率、净资产报酬率。

（1）销售利润率

销售利润率 = 净利润 ÷ 销售收入

销售利润率反映了企业经营活动最基本的赢利能力，是对企业经营能力的直接评价。这项指标越高，说明企业从销售收入中获取利润的能力越强。通过分析销售利润率的变动数额和方向，可以促使企业在扩大销量的同时，努力改进经营管理，提高赢利水平。

（2）总资产报酬率

总资产报酬率 = 息税前利润 ÷ 总资产余额

总资产报酬率，前面我们已经讲过，它反映的是每 1 元资产创造的利润。这个利润不仅包括为所有者创造的利润，也包括给债权人的利息、交给政府的税。总资产报酬率反映企业包括净资产和负债在内的全部资产的总体获利能力，用以评价企业运用全部资产的总体获利能力，是评价企业资产运营效益的重要指标。我们通过对该指标的深入分析，可以增强各方面对企业资产经营的关注度，促进企业提高单位资产的收益水平。该指标越高，表明企业投入产出的水平越好，企业的资产运营越有效。

（3）净资产收益率

净资产收益率 = 净利润 ÷ 净资产余额

净资产收益率，前面已经讲过，它反映每 1 元股东资本赚取的净利润，反映了企业所有者所获投资报酬的多少。对企业的所有者来说，这个比率非常重要，该比率越大，说明所有者投入资本的获利能力越强。

4. 成长性能力

企业的成长性能力，亦称企业的发展能力，是指企业通过自身的生产经营活动，不断扩大积累而形成的发展潜能。对于企业的相关利益者来说，他们关注的不仅是企业目前的、短期的赢利能力，更关注企业未来的、长期和持续的成长能力。

对于大股东而言，持有股票并不是为了满足简单的投机性需求，而是看好企业未来的发展能力，希望在企业长期、持续、稳定的发展中获得更多的股利和资本利得。对于债权人而言，长期债权的实现必须依靠企业未来的赢利能力。因此，企业的发展能力不论是对企业自身还是企业的利益相关者来说都是至关重要的。评价企业发展能力的指标主要有营业收入增长率和营业利润增长率。

（1）营业收入增长率

营业收入增长率 =(本年营业收入 － 上年营业收入)÷ 上年营业收入

营业收入增长率反映了企业的销售增长情况。营业收入增长率高，表明企业产品的市场需求大，业务扩张能力强。具有成长性的企业多数都是主营业务突出、经营比较单一的企业。如果一家企业能够连续几年保持 30% 以上的营业收入增长率，基本上可以认为这家企业成长性很好。

（2）营业利润增长率

营业利润增长率 =(本年营业利润 − 上年营业利润)÷ 上年营业利润

营业利润增长率反映了企业经营活动赢利水平的增长速度。如果一家企业的营业利润稳定增长且占利润总额的比例呈增长趋势，那么说明它正处在成长期。有些企业尽管营业收入有较大幅度增加，但营业利润却没有相应增加，甚至出现大幅下降，这说明这些企业的收入质量不高，也可能存在资产管理费用居高不下等问题。投资这样的企业，可能存在巨大的风险，投资者要谨慎。

二、企业怎样才能赚大钱
——杜邦分析法的应用

作为企业的股东，你最应该关心的财务指标是什么？应该是净资产收益率，因为它反映了股东投入资本的回报率。我们首先来思考这样的问题：

净资产收益率和企业的销售净利率之间是什么关系？是不是销售净利率越高的企业，净资产收益率就越高？

很显然，答案是否定的。事实上，净资产收益率的高低，除了跟销售净利率有关之外，还跟资产周转率和资产负债率有关。既然净资产收益率跟这三个指标相关，那么是不是可以认为，提高这三个指标，就可以提高企业的净资产收益率，即股东的回报率？答案是肯定的。

杜邦分析法可以帮我们弄清楚净资产收益率跟这三者之间的关系。下面就让我们一起来揭开杜邦分析法的神秘面纱。

杜邦分析法是由杜邦公司（Du Pont）的财务经理唐纳德森·布朗（Donaldson Brown）于20世纪20年代提出的一种著名的财务比率分析体系，也称为杜邦财务分析体系（The Du Pont Analysis System）。该分析体系虽然已经有90多年的历史，但是仍然被人们广泛使用。杜邦分析法以反映所有者回报率的净资产收益率为出发点，将企业的赢利能力、营运能力和偿债能力指标系统有机地结合在了一起，能够帮助管理者系统、全面、直观地分析企业的财务状况。

1. 杜邦分析法和杜邦分析图

事实上，杜邦分析法是基于下面的公式：

净资产收益率 = 销售净利率 × 总资产周转率 × 权益乘数

销售净利率是赢利能力指标，总资产周转率是营运能力指标，

权益乘数 =1/（1- 资产负债率）= 总资产 / 净资产，它反映了企业的偿债能力。

实际上，杜邦分析图能够直观地反映财务比率分析的层次，如图 6-1 所示。

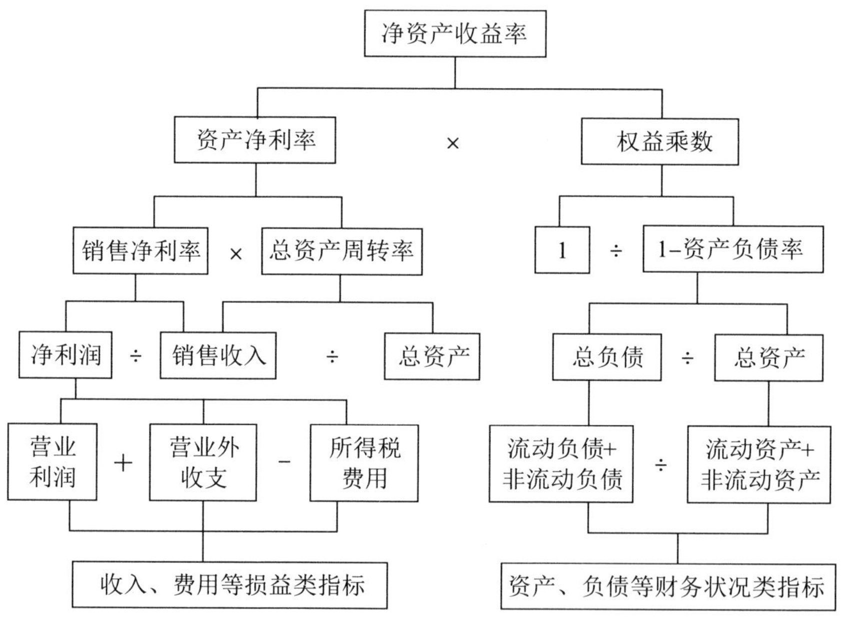

图 6-1　杜邦分析图

杜邦分析图提供了以下主要财务指标的信息：

（1）净资产收益率

净资产收益率，也称权益净利率，这是一个综合性最强的财务比率，也是杜邦财务分析体系的核心，它反映所有者投入 1 单位的资本能获得多少收益。

（2）资产净利率

资产净利率是净利润与总资产的比值，可以分解为销售净利率与总资产周转率两个指标。

（3）销售净利率

该指标等于净利润与销售收入的比值，反映了企业的赢利能力和经营活动的效率。从杜邦分析图中可以发现：向上分析，销售净利率的提高有利于提高净资产收益率；向下分解，这个指标要想得到提高，就要设法提高收入，降低经营成本（如营业成本、管理费用、销售费用、财务费用、资产减值损失等）。这就给管理者分析成本费用结构、加强成本控制、调整日常经营活动以降低企业成本提供了依据。

（4）总资产周转率

在杜邦财务分析体系中，净资产收益率与总资产周转率同方向变动。总资产周转率是销售收入与总资产的比值，反映了企业的营运能力和投资活动的效率。因此，为了提高这个指标，企业管理者应当考虑如何提高资产的使用效率，合理规划企业的资产结构，在保证正常运营的前提下，用尽可能少的资产来产生尽可能多的收入。

一般来说，流动资产体现着企业的变现能力及偿债能力，而非流动资产则反映了企业的经营规模及发展潜力。需要注意的是，流动资产（比如存货和应收账款）占用过多资金，会降低企业的获利能力；而非流动资产（比如固定资产和在建工程）过多又会影响到企业的偿债能力，可能导致企业因难以偿还债务而陷入财务困境。

所以，企业需要寻找一个合适的比例，既保证有一定的偿债能力，不至于使企业生产因资金缺乏而陷入困境，又要确保非流动资产的规模能够保证企业的发展速度和获利能力。除此之外，企业还要想办法加快流动资产（比如存货和应收账款）的周转速度，提高非流动资产（如固定资产）的使用效率，进而加快总资产的周转速度。

（5）权益乘数

权益乘数从另一个角度反映了企业的资产负债情况，它与资产负债率、净资产收益率都呈同方向变化。即权益乘数越大，净资产收益率越高，同时，企业的负债程度也越高。

我们知道，高的资产负债率能给所有者带来更多的财务杠杆利益，原因是负债的融资成本比所有者权益的成本低，另外，利息费用可以在税前扣除，起到税盾的作用。但另一方面，过高的资产负债率也会降低企业的融资能力，增加其财务风险，一旦生产经营出现问题，融资渠道又不畅通，就可能出现无法偿还到期债务的情况，导致企业走向破产。所以，企业要根据自身情况选择合适的融资结构，做到既能享受低成本的负债融资，又要将企业的风险控制在可以应对的范围内。

在图 6-1 中，通过由上而下的层层分解，企业的经营效率及财务状况被更为细化和具体的指标反映出来。由下至上，这些细化的指标最终归结到一个最核心的指标，即净资产收益率。所以说，杜邦分析法使得管理者能从所有者的收益率出发，全面了解企业的经营状况和赢利状况，分析出日常经营中哪些环节能够提高所有者的收益，并做出有利于提高净资产收益率的决策，为所有者创造更多的利润。

2. 杜邦分析法的实际运用

通过分析数年的财务数据，杜邦分析法可以解释财务指标变动的原因，并能指导管理者找到解决问题的方法。下面以一家虚构企业 XY 的财务数据为例，详细介绍杜邦分析法的实际运用。具体见表 6-1 和表 6-2。

表 6-1　XY 企业的基本财务数据

编制单位：XY企业　　××年　　单位：亿元/人民币

年度	净利润	销售收入	资产总额	负债总额	营业成本	管理费用	销售费用	财务费用
2008	1	40	30	20	30	2	4	2
2009	1.2	76	35	21	60	4	7	2.5

表 6-2　按照原始数据计算的各项财务指标

编制单位：XY企业　　××年　　单位：亿元/人民币

年度	净资产收益率	资产净利率	销售净利率	总资产周转率	权益乘数	资产负债率
2008	10.00%	3.33%	2.05%	1.33	3	66.70%
2009	8.60%	3.43%	1.58%	2.17	2.5	60.00%

（1）分析净资产收益率

从 2008 年到 2009 年，XY 企业的净资产收益率有一定幅度的下降，从 10.00% 下降到 8.60%。如果企业的股东据此来决定是否继续持股或转让股份，并作为对经营者绩效评价的主要指标，那么对经营者而言，这个指标的下降并不是一个好现象。在这种情况下，企业的经营者需要认真分析企业净资产收益率下降的具体原因，以便找出应对措施，改善经营状况，提高企业利润。

根据杜邦分析法，净资产收益率可以分解为资产净利率和权益乘数，进而分解为销售净利率、总资产周转率和权益乘数三者的乘积。对 XY 企业净资产收益率的分解结果如下，见表 6-3。

表 6-3　XY 企业净资产收益率

编制单位：XY企业　　××年　　单位：亿元/人民币

年度	净资产收益率	=	销售净利率	×	总资产周转率	×	权益乘数
2008年	10.00%	=	2.50%	×	1.33	×	3.00
2009年	8.60%	=	1.58%	×	2.17	×	2.50

通过分解，我们可以明显看出，虽然 XY 企业 2009 年的总资产周转率比 2008 年上升了 63.15%，但是由于销售净利率下降了 36.80%，权益乘数下降了 16.67%，这两者共同作用的结果使得净资产收益率最终还是下降了。通过这三者的变化幅度，我们可以初步判断，2009 年企业在资产结构及资产利用率方面有了很大的改进，但是在资本结构上选择了更为保守的策略，降低了资产负债率。另外，销售净利率降幅较大，需要进一步分析收入和成本。

（2）分析销售净利率

销售净利率的变化情况又如何呢？见表 6-4。

表 6-4　XY 企业销售净利率

编制单位：XY企业　　　　××年　　　　单位：亿元/人民币

年度	销售净利率	=	净利润	÷	销售收入
2008年	2.50%	=	1	÷	40
2009年	1.58%	=	1.2	÷	76

从表格的右半部分可以看出，虽然 2009 年的销售收入增加了 36 亿，增长了 90%，但是净利润却只增长了 20%，远没有跟上销售收入的增长速度。因此可以推测 2009 年该企业的各项成本和费用增长得很快。如表 6-5 所示。

表 6-5　XY 企业成本费用

编制单位：XY企业　　　　××年　　　　单位：亿元/人民币

年度	主要成本费用	=	营业成本	+	管理费用	+	销售费用	+	财务费用
2008年	38	=	30	+	2	+	4	+	2
2009年	73.5	=	60	+	4	+	7	+	2.5
增幅	93.42%		100%		100%		75%		25%

营业成本和管理费用的增幅均为 100%，都超过了销售收入 90% 的增幅。这是导致净利润增幅较小的主要原因。

营业成本增加的原因或是原材料涨价；或是人工成本增加；或是机器磨损加快造成的折旧加速；或是因为引进了销售净利率更低的新产品，导致总体的销售净利率下降等。针对这些情况，企业可以考虑寻求新的供应商；或者对员工进行培训，提高人工效率，变相降低人工成本；或者适当调节生产速度，增加对机器的保养力度，减缓机器磨损；或者考虑是否要继续销售新产品，等等。

管理费用的增加可能是由机构人员冗杂、效率不高，信息沟通成本增加等原因造成的。对此，企业也应结合实际情况采取相应措施。

销售费用一般会随着销售收入的增加而增加，但是2009年该企业的销售费用增长的幅度小于90%，可能是由于上一年建立销售渠道的过程中固定设施所占比例较大，也可能是由于销售管理质量有了提升，销售团队经验更加丰富等原因造成的。管理者需要结合企业的实际情况具体分析，如果能找到继续提高销售效率的方法就更理想了。

相对于负债总额5%的增幅，企业的财务费用增加了25%。形成这种局面的原因有很多种，比如利率的上调、短期借款和长期借款比例的变化等。在这种情况下，企业就需要考虑债务融资成本，通过调整资本结构和负债结构，降低资本成本。

（3）分析总资产周转率

总资产周转率的具体情况，见表 6-6。

表 6-6 XY 企业总资产周转率

年度	销售收入	资产总额	总资产周转率
2008年	40	30	1.33
2009年	76	35	2.17
增幅	90.00%	16.70%	63.16%

2009 年，在资产总额增加 16.70% 的情况下，销售收入增加了 90%，总体上导致总资产周转率上升 63.16%，这对提高净资产收益率产生了积极的影响。如果数据真实可靠的话，产生这种结果的原因可能有：在 2008 年的基础上拓宽了销路，企业产品和服务得到市场认可；定价更合理，市场份额不断扩大；销售队伍的素质提高；存货周转更快；宏观经济环境转好等。企业可以在此基础上总结成功经验，为后期的经营活动提供帮助。

（4）分析权益乘数

对权益乘数的分析可以从分析资产负债率入手，见表 6-7。

表 6-7　XY 企业资产负债率

编制单位：XY企业　　　　　××年　　　　　单位：亿元/人民币

年度	资产总额	负债总额	权益乘数	资产负债率
2008年	30	20	3.0	66.7%
2009年	35	21	2.5	60.0%

2009 年，资产总额增加了 16.7%，负债总额增加了 5%，相应地所有者权益增加了 40%，权益融资比例上升。企业的资产负债率从 66.7% 下降到 60.0%，权益乘数也由 3.0 降到 2.5，这是净资产收益率下降的原因之一。在这种情况下，企业的偿债能力增强，财务风险降低。

由于一般情况下，权益资本成本比债务资本成本高，因此，企业的资本成本率很可能增加了。所以，企业需要结合自身情况，评估企业资本结构是否合理，企业财务风险大小是否合适，是否需要分配股利或提高债务融资比例，以达到降低资本成本、提高净资产收益率的目的。

综合上述分析，对于 XY 企业而言，要提高净资产收益率，除了保持高的总资产周转率以外，关键是要结合企业的实际情况，想方设法抓好成本管理，优化资本结构。

需要指出的是，虽然杜邦分析法有很多优点并被广泛应用，但它只是财务分析方法中的一种，并不排斥其他财务分析方法，比如比较分析法和趋势分析法。实际运用中，可以把多种财务分析方法结合起来，取长补短，这样可以帮助企业管理者更科学、更完整地分析企业的财务状况，找出其中存在的问题，从而为实现企业赢利目标做出更好的决策。

三、企业财务状况好不好，怎么看

企业财务状况良好的基本特征

- 企业具有一定的赢利能力，利润结构基本合理
- 企业各类活动的现金流量周转正常
- 资产质量较好
- 资本结构合理

1. 企业具有一定的赢利能力，利润结构基本合理

赢利是企业最重要的经营目标，是企业生存和发展的物质基础。赢利能力是指企业获取利润的能力。一家运营良好的企业必须要有一定的赢利能力，这样才能使债权人、股东、公司员工的利益

得到保障。这就要求企业在会计政策保持一贯性的条件下，在绝对额上，企业要具有大于零的净利润；在赢利能力比率上，企业的总资产报酬率、净资产报酬率等指标要在同行业中处于中等以上水平。

我们考察企业利润的质量，就要考察其利润结构的质量。利润结构是指构成利润的各组成要素之间的比例关系或在利润总额中所占的比重。

不同的利润项目对企业的获利能力有着不同的作用，所以利润项目的不同比重，即不同的利润结构，也会对企业的赢利能力产生不同的影响。

一家运营良好的企业，必须要有基本合理的利润结构。这里的利润结构基本合理是指在企业的利息和税前利润的构成中，投资收益与其他资产带来的利润之间的数量结构，与企业资产总额中的对外投资与其他资产之间的数量结构是相匹配的。此外，一个基本合理的利润结构还要求企业的费用在年度之间没有出现不合理的下降。因为在一般情况下，企业的期间费用会随着经营业务规模的提高而提高，但是，在企业经营业务规模因竞争加剧的原因而下降的情况下，由于参与竞争需要更多费用的投入，期间费用也不一定会降低。

企业如果有着较为合理的利润结构，那么意味着拥有雄厚的资产支持、较强的现金获取能力，以及较为光明的市场发展前景。这些有利条件会使企业发展得越来越好。

2. 企业各类活动的现金流量周转正常

本书第四章中提到，很多业内人士认为，企业的现金流量比账面利润更重要，因为倘若现金周转不畅，即使账面利润再漂亮，企业的发展也会受到重大影响，严重的话，企业的生存也会受到威胁。

从现金流量角度来说，一家财务状况良好的企业，各类活动的现金流量周转应该是正常的。它的经营活动现金流量应该能保证企业的正常经营，足以支付利息费用、补偿固定资产折旧与摊销等费用；它的投资活动现金流量，比如为对内扩大再生产而购建固定资产、无形资产，为对外扩张而购买股权、债券，将能为企业未来的发展奠定基础，能体现企业长期发展战略的要求；它的筹资活动现金流量，一方面应为经营活动和投资活动提供资金，另一方面应积极寻找投资方向，为企业创造更多的利润。

3. 资产质量较好

资产质量是指特定资产在企业管理系统中发挥作用的质量，具体表现为变现质量、被利用质量、与其他资产组合增值的质量，以及为企业发展目标做出贡献的质量等。

一项资产，如果在某家企业中不能发挥作用，就不能算作该企业的优质资产。但如果把它放在另一家企业中能够得到较好的利用，发挥较大的作用，则这项资产就应算作这家企业的优质资产。也就是说，资产对不同的企业而言，具有相对性。

为什么一家运营良好的企业要有较好的资产质量呢？首先，良好的经营性流动资产不仅是企业经济增长的主要来源，也是企业偿还短期债务的主要保障。其次，高质量的短期投资和长期投资可以帮助企业谋求对外扩张和赚取非营业利润，有利于企业的整体发展。再次，良好的固定资产和无形资产，可使得企业生产能力与产品份额所需要的生产能力相匹配，能及时将符合市场需求的产品推向市场并获利，同时保持一个适当的周转速度，减少因资产闲置而造成的浪费。

4. 资本结构合理

这里所说的资本，是指企业的负债与所有者权益之和。资本结构就是指资产负债表右边的结构。也就是说，我们研究的是企业的资产有多少是来自债权人的，有多少是来自股东的。

怎样的资本结构才是合理的呢？这个问题没有明确的答案。但是有两点是值得我们注意的：首先，合理的资本结构应该具有较低或者最低的资本成本；其次，合理的资本结构应该能够保障企业的股权价值较高或者最高。

在实际管理工作中，我们还要关注资本结构的质量：如企业资本成本的水平与企业资产报酬率的对比关系，企业资金来源的期限构成与企业资产结构的适应性，企业的财务杠杆与企业财务风险间的平衡性，企业所有者权益内部的股东持股构成情况与企业未来发展的适应性等。

四、比较报表看异常

1. 关注财务指标的纵向和横向比较

分析企业的财务报表，可以单一地分析企业的各种财务指标，但最好的方法是在此基础上纵向和横向地比较各种财务指标。

纵向比较是拿一家企业连续几年的报表对比着看，通过对比两期或连续数期财务报表中相同的财务指标，判断这些指标增减的趋势、数额和幅度，进而分析企业财务状况、经营成果和现金流量的变动趋势。这就要求企业的会计核算基础及计算方法不能轻易改变，否则取得的指标就不能反映企业的发展趋势，也不利于报表分析者规划未来。

横向比较是拿一家企业的财务指标与同行业其他企业的相同财务指标进行比较。通过这种横向比较，我们可以看出该企业与其他企业的差距，更容易发现企业的异常情况，便于及早采取措施来解决问题。很多时候，横向比较需要使用同行业标准。同行业的平均数只有一般性的指导作用，不一定具有代表性。大家可以选择一组具有代表性的企业，求其财务指标的平均数，来作为同行业标准，可能比使用整个行业的平均数更有意义。

2. 关注三张报表异常变动项目

财务报表是企业财务活动和经营成果的反映，与企业的生产、经营活动息息相关。报表项目存在异常变动，也就意味着企业经营中可能存在问题。我们在对企业的财务报表作分析时，如果对报表中存在的异常现象不够重视，不去追究报表项目变动的真正原因，就不能及时发现企业存在的财务风险，也就不能对企业的经营管理工作提出切实可行的建议。

因此，我们在对财务报表进行分析时，要密切关注报表中存在的异常现象。我们要通过对企业的财务报表和其他会计资料中重要的信息进行分析性复核，发现异常变动项目，并对其进行追踪调查，然后分析产生的原因，以便能够及时采取对策。